A BOLA E O VERBO

```
CIP-BRASIL. CATALOGAÇÃO NA PUBLICAÇÃO
SINDICATO NACIONAL DOS EDITORES DE LIVROS, RJ
```

V668b

    Viana, Rodrigo
    A bola e o verbo : o futebol na crônica brasileira / Rodrigo Viana. – 1. ed. – São Paulo : Summus Editorial, 2013.

    Inclui bibiografia
    ISBN 978-85-323-0919-8

    1. Futebol - Crônicas 2. Crônica brasileira. I. Título.

13-03278   CDD:.869.98
                                                                                    CDU: 821.134.3(81)-3

www.summus.com.br

EDITORA AFILIADA

Compre em lugar de fotocopiar.
Cada real que você dá por um livro recompensa seus autores
e os convida a produzir mais sobre o tema;
incentiva seus editores a encomendar, traduzir e publicar
outras obras sobre o assunto;
e paga aos livreiros por estocar e levar até você livros
para a sua informação e o seu entretenimento.
Cada real que você dá pela fotocópia
não autorizada de um livro financia o crime
e ajuda a matar a produção intelectual de seu país.

A BOLA E O VERBO

O FUTEBOL NA CRÔNICA BRASILEIRA

RODRIGO VIANA

A BOLA E O VERBO
O futebol na crônica brasileira
Copyright © 2013 by Rodrigo Viana
Direitos desta edição reservados por Summus Editorial

Editora executiva: **Soraia Bini Cury**
Editora assistente: **Salete Del Guerra**
Capa: **Alberto Mateus**
Projeto gráfico e diagramação: **Crayon Editorial**
Impressão: **Sumago Gráfica Editorial**

Summus Editorial

Departamento editorial
Rua Itapicuru, 613 – 7º andar
05006-000 – São Paulo – SP
Fone: (11) 3872-3322
Fax: (11) 3872-7476
http://www.summus.com.br
e-mail: summus@summus.com.br

Atendimento ao consumidor
Summus Editorial
Fone: (11) 3865-9890

Vendas por atacado
Fone: (11) 3873-8638
Fax: (11) 3873-7085
e-mail: vendas@summus.com.br

Impresso no Brasil

Aos meus pais, que me inventaram, e à minha Virgínia, que ousou me reinventar.

Sumário

Prefácio 9

Apresentação 11

Algumas palavras de aquecimento 13

    Primeiro convocado: o futebol 16

    Organização tática 17

1 Começa o jogo... 19

    Finta brasileira 21

    Mário de Andrade: um craque 22

    A imprensa veste a camisa 25

    Chegando aqui... 26

    Algumas palavras sobre romances e folhetins 28

    Lima Barreto: um jogador rebelde 29

    Jogadas diferentes: a quebra da monotonia 32

2 A linha de três zagueiros: literatura, imprensa e futebol 35

    Os donos da bola e a bola 36

    As primeiras notícias 36

    Quem não tem bola arranja uma 38

    A tabelinha entre a crônica de futebol e a literatura 39

    Os craques do passado: origens ancestrais do futebol 42

    Os craques do presente 43

    O estilo de jogo 48

    Uma bela dupla de atacantes: Mário Filho e João Saldanha 50

    Jornais, revistas e coletâneas 53

3 Golaço: o hibridismo da crônica e o relicário da memória   55
Poetizando   56
A simpatia do futebol da Ferroviária de Araraquara   57
Jogando com a bola nos pés: a habilidade de Armando Nogueira   62

Algumas palavras de apito final   67
Referências bibliográficas   73

Prefácio

Juca Kfouri

Não entrarei na velha discussão se crônica é ou não literatura ou, ainda, se é um gênero menor de literatura.

Há quem seja muito mais autorizado a discorrer sobre a questão, como tão bem demonstra o autor Rodrigo Viana neste bem sacado e agradável *A bola e o verbo*.

Entre o que dizem os mestres Carlos Heitor Cony e Mário de Andrade, fico com ambos, além de acrescentar Machado de Assis, sob o risco da heresia ao divergir de outro grande, Antônio Candido.

Mas quem sou eu para ir mais fundo?

Sei que cronista não sou, por falta de talento, razão pela qual acho graça ao me ver sócio da Associação dos Cronistas Esportivos de São Paulo, um clube repleto apenas de jornalistas e de poucos, pouquíssimos, cronistas de verdade.

Limito-me a registrar que se Paulo Mendes Campos e Lourenço Diaféria, para citar apenas dois gênios, são mestres de uma arte menor, que inveja sinto de não ter um mínimo da pequeneza de ambos.

Fato é que Viana nos embala num jogo formidável para, aqui e ali e ali e aqui novamente, provar por a + b como é delicioso ler e reler verdadeiros passes, dribles e gols dos melhores jornalistas/ escritores/cronistas – numa palavra, autores que se dedicaram a tratar a bola com o carinho que a última flor inculta e bela merece.

Impossível fugir do trocadilho digno de Antero Greco, um dos bem citados por Viana, porque a bola é bela e o gol de letra um desafio permanente, do qual o autor se desincumbe com brilho para fazer jus até à placa um dia inventada por Joelmir Betting.

Que era mesmo o quê? Um cronista econômico?

Econômico como, se ele se esparramava em imagens sem fim e sentidos figurados numa inflação interminável de palavras, apesar de não cometer nenhuma infração?

Ora, bolas, que sei eu?

Viana explicará.

Jogue este jogo sem temor do que vem a seguir.

Apresentação

Ignácio de Loyola Brandão

Rodrigo veio de uma terra que já respirou muito futebol de qualidade. Certa época, o futebol estava na atmosfera, torcíamos pela Ferroviária, víamos jogos com os grandes times de São Paulo. São Paulo, Palmeiras, Corinthians, Santos e outros que chegavam para o que se chamava clássicos do interior. O estádio lotava. Os cronistas esportivos iam até lá ver e transmitir jogos, havia orgulho no ar. Certamente aqueles anos devem ter chegado até Rodrigo de alguma maneira, porque a memória deles ainda flutua, passa de pai para filho, e assim por diante. A cidade que deu boleiros como Dudu, Bazani, Rosan, Peixinho, Dirceu e outros mais (mesmo não tendo ali nascido, se fizeram ali), locutores como Ennio Rodrigues e Wilson de Freitas, também produziu Marco Antonio Rodrigues, hoje Globo, e Rodrigo Viana. Por isso atravessei com prazer este livro. Porque os livros de qualidade sobre futebol são raros. Ou clichês. Rodrigo foge do lugar-comum e nos traz o clima de um mundo que, parecendo ser tão familiar, ao dar a sensação que está em nosso quintal, ainda conserva segredos e mistérios, não se desvendam assim. Não é mais um livro sobre futebol, é um bom livro, que atravessei de ponta a ponta em algumas horas. Quanto mais simples é a escrita, mais difícil ela é na sua feitura. A simplicidade exige disciplina, talento, aplicação. E essa simplicidade aparente está aqui para decifrar uma coisa que, como disse, parece simples, no entanto é complexa, o mundo do futebol.

Bem-vindo ao mundo do futebol literatura, Rodrigo Viana.

Algumas palavras de aquecimento

A crônica só é gênero menor em termos de literatura. Admite-se como inabalável a certeza de que a literatura tende a ser perene, intemporal. Não faltam teóricos para garantir que a arte, nela incluindo a arte literária, existe para superar a morte. E, se a literatura busca a infinitude, a crônica é crônica mesmo, expressão de finitude. É temporal, fatiada da realidade e desvinculada do tempo maior que é o da literatura como arte. Mas daí não se deve concluir que ela seja uma defunta. (Cony, 1998)

A citação do escritor e jornalista Carlos Heitor Cony defende a ideia de que a crônica é um gênero literário e, portanto, faz parte da literatura, ainda que "literatura menor".

O assunto, no entanto, não constitui ponto pacífico entre os críticos literários. A discussão não é nova. Ao contrário, estende-se desde o período colonial. Na transição Colônia-Império e, principalmente, em fins do século XIX até meados do século XX, os escritores e os críticos literários não a consideravam um gênero. Somente após o modernismo (1922) o olhar da crítica passou a ser mais cuidadoso em relação à crônica.

Ao mesmo tempo, começou-se a desenvolver uma corrente de pensamento que considerava a crônica um gênero tipicamente brasileiro. Para Antonio Candido (1992, p. 15), "[...] se poderia dizer que sob vários aspectos é um gênero brasileiro, pela naturalidade com que se aclimatou aqui e a originalidade com que aqui se desenvolveu".

Uma ilustração dessa visão "abrasileirada" da crônica pode ser recortada de um interessante acontecimento literário ocorrido em meio ao movimento modernista. Mário de Andrade escreve uma carta destinada ao contemporâneo e também escritor Fernando Sabino, deixando transparecer, em seu discurso, a importância dos gêneros "crônica" e "conto" e, paradoxalmente, a falta de interesse da discussão sobre gêneros literários. Vejamos um trecho dessa carta:

> Não se amole de dizerem que os seus contos não são contos, são crônicas etc. Isso tudo é latrinário, não tem a menor importância em arte. Discutir "gêneros literários" é tema de retoriquice besta. Todos os gêneros sempre e fatalmente se entrosam, não há limites entre eles. O que importa é a validade do assunto na sua própria forma. (Andrade, 1982, p. 23)

Já situando a crônica como um "gênero híbrido" da literatura – uma de suas características mais relevantes, como veremos ao longo do caminho –, o "tom" irônico de Mário de Andrade serve para que ele se posicione sobre o assunto: claramente, a sua predileção é pela tese de que a crônica, naquele momento, já se constituía num gênero literário.

Contudo, nem mesmo o Modernismo e a palavra de credibilidade de escritores como Mário de Andrade fizeram que outros intelectuais mudassem de ideia sobre o assunto. Os críticos que não consideravam a crônica gênero literário afirmavam que ela nascera como folhetim, junto com os jornais, sendo publicada num dia e apagada no outro. Sublinhavam também a questão do envelhecimento do texto pela ação do tempo sobre os acontecimentos, as personalidades e os modos de vida do período abrangido.

Entretanto, o volume de publicação de crônicas em jornais em meados do século XX e a sedimentação da imprensa cresciam de tal maneira no Brasil que era impossível não notar sua importância. Os maiores escritores brasileiros compunham crônicas – mais notadamente Machado de Assis, que iniciou sua carreira literária publicando textos semanais na seção "A Semana", do *Jornal do Commercio*, do Rio de Janeiro[1].

Desse modo é que vai ocorrendo a sedimentação do conceito da crônica como gênero literário e também jornalístico. Aos poucos, outros grandes nomes da literatura brasileira se apropriaram

---

1. Um fato interessante sobre esse "batismo literário" de Machado de Assis é que essa atividade lhe rendeu o pseudônimo de "Dr. Semana", porque outros escritores, aproveitando--se da liberdade proporcionada pelo anonimato que o pseudônimo lhes oferece, também assinavam os textos da coluna de Machado no *Jornal do Commercio*. Entre esses "anônimos", podemos citar Pedro Luís, Varejão Félix Martins e Quintino Bocaiúva.

do binômio crônica/jornalismo: Carlos Drummond de Andrade, Nelson Rodrigues, Lourenço Diaféria, Fernando Sabino, João Saldanha, Carlos Heitor Cony e Armando Nogueira, entre outros. E é nesse momento, com a apropriação do gênero pelos escritores, que toma força a ideia de que é justamente o relato, ou a maneira de relatar o "acontecido", que confere à crônica um espaço, ainda que diminuto, na literatura.

A inspiração e os assuntos das crônicas – que vinham de fatos políticos, sociais, históricos, esportivos e culturais – faziam que o cronista adquirisse um olhar às vezes crítico, às vezes humorístico, às vezes puramente artístico e inovasse na confecção dos textos, conferindo-lhes uma nova roupagem, capaz de quebrar a rotina monótona do dia a dia. Portanto, o mero argumento de que, assim como a notícia de jornal, a crônica, por similaridade, teria apenas a função de noticiar os acontecimentos, simplificaria muito o debate. Pior: o empobreceria.

De fato, a crônica tem a nobre função de "transmitir" a notícia e os acontecimentos ao leitor/receptor. Nela, a notícia ganha vida própria quando absorve elementos das mais diversas fontes da literatura. Por isso a crônica é um dos gêneros mais híbridos da literatura, como preconizou Mário de Andrade. Ela se utiliza de elementos do conto, da poesia e também de outras formas narrativas, como a novela, o teatro, o drama e o romance; a crônica incorpora até outras linguagens, como aquelas presentes no cinema, e experimenta-se em outros meios audiovisuais, como a internet.

A dialética inicial que contrapunha crônica à literatura, no seio do surgimento da imprensa no país, dilui-se com o tempo. Para Edvaldo Pereira Lima (1993, p. 138), "o jornalismo absorve assim elementos do fazer literário, mas, camaleão, transforma-os, dá-lhes um aproveitamento direcionado a outro fim". Ou seja, não se trata mais apenas de transmitir a notícia, mas de "como" e do que se provoca no leitor com o tom literário da transmissão. Trata-se, então, de literatura.

PRIMEIRO CONVOCADO: O FUTEBOL

Dissemos que a natureza da informação ou daquilo que estamos chamando de "real acontecido" dá corpo e subsídio à transmissão literária. Isso ocorre em virtude da maior quantidade de cenários para trabalhar com recursos estéticos/estilísticos do texto. O futebol e os acontecimentos político-sociais desde o seu surgimento no país constituem um aglomerado sociocultural importante para a construção histórica da crônica como gênero literário.

Poder-se-ia escolher trabalhar, neste livro, com a "crônica política", sem dúvida também rica em incorporação de elementos literários e fatos históricos. Outra escolha que certamente caberia em nossas linhas seria a "crônica policial", em que a passionalidade recorrente das personagens e as tensões da narrativa nos forneceriam excelentes enredos para demonstrações da literalidade na linguagem. Também a "crônica humorística", tão quantificada em nossa literatura – de Olavo Bilac a Luis Fernando Verissimo –, seria uma escolha correta. Ou ainda a "crônica social", como as do nosso cronista por excelência Rubem Braga – assim considerado por ocupar-se apenas desse gênero e da maneira mais literária que jamais se ousou fazer: compunha poema em prosa com um conteúdo lírico que possibilitava o extravasamento de sua alma de artista perante o espetáculo da vida.

Ainda nesse infinito de possibilidades, teríamos as "crônicas de costumes", como as de Fernando Sabino, Lourenço Diaféria e Stanislaw Ponte Preta (pseudônimo de Sérgio Porto), que também seriam excelente manancial para nossas considerações.

Mas foi mesmo no futebol – essa hegemonia nacional – que nos dispusemos a encontrar as condições sociais, políticas, culturais, históricas, humorísticas, de costumes e passionais que compõem o pano de fundo para apontarmos as características literárias na crônica.

Entremeado entre um gol e outro, um personagem e outra, um relato aqui e outro acolá, o tema foi matéria-prima para todos os escritores que citamos, em pelo menos algum momento de sua vida literária.

Por meio da análise e comparação de trechos de 13 crônicas de futebol teremos, então, condições de lançar um olhar crítico para esse gênero.

É importante também dizer que se estabeleceu uma coluna vertebral de análise no trabalho: a relação "texto/contexto". Ou seja, cada trecho de texto remete a um aspecto do contexto social, histórico ou cultural da época em que foi escrito. Esse contexto é retomado e aproveitado na interpretação do enunciado, pois, na análise da crônica, os elementos externos deixam de ser apenas pano de fundo histórico-social-cultural para se tornar elementos internos da obra, "materializados" na atualização dos temas, nos comentários dos acontecimentos e nas formas de textualização e composição do enunciado. Isso porque, como o próprio nome indica (*cronos* = tempo), a crônica depende mais fortemente do contexto em que foi produzida e/ou recebida.

Não menos importante é dizer que fizemos algumas pequenas considerações sobre o fascínio que o futebol exerce nos povos desde a Antiguidade. Dessa forma, além de vasculharmos algumas alternativas acerca dessa paixão que o esporte desperta no povo, sobretudo no brasileiro, pudemos relacionar a temática do futebol com a história, a política e o contexto social em que está inserto cada texto.

ORGANIZAÇÃO TÁTICA

Proposto o "esquema de jogo", fez-se necessária a organização tática. Num primeiro momento, fomos buscar o nascedouro etimológico e o percurso histórico da crônica até ela chegar ao Brasil. Depois, avançamos um pouco e buscamos em que momento sociocultural a crônica específica de futebol começou a tomar vulto no país. Foi preciso, aí, contextualizar o surgimento e a consolidação da imprensa e do esporte futebol no Brasil.

Esclarecidos pela história, partimos efetivamente para um olhar mais imanente sobre o texto. Assim, enxergando-o como "objeto de comunicação" entre dois sujeitos, convencemo-nos de que ele encontraria seu lugar entre os objetos culturais, inserto numa sociedade e determinado por formações ideológicas específicas.

Não obstante a isso, como recurso de análise, olhamos também para os elementos da composição literária que nos permitiram considerar os textos levando em conta seu papel de elemento de comunicação entre dois sujeitos e também seu sentido literário, se comparados com outros textos noticiosos chamados convencionalmente de "reportagens" pelo jornalismo dito "não literário" ou "gênero puramente jornalístico".

É necessário esclarecer que elegemos algumas "crônicas metalinguísticas", ou seja, aquelas em que os cronistas falam sobre o próprio ofício. Para Antonio (2006, p. 28), as crônicas metalinguísticas "[...] são uma importante tentativa de reflexão crítica sobre o gênero. Como teóricos que se debruçam sobre aspectos linguísticos e literários, os folhetinistas nos falam do gênero do 'lado de dentro', isto é, com a experiência de quem cria".

Consideramos as crônicas metalinguísticas de nosso trabalho "crônicas-metafutebolísticas", se assim pudermos designá-las, por falarem de futebol e o contextualizarem em seu tempo. Dessa maneira, procuramos aumentar nossas possibilidades retóricas para embasar nosso conceito de literatura e crônica de futebol.

É importante também dizer que os textos foram interpretados de forma metonímica, ou seja, visualizados como "relicários" que integram um conjunto maior, o tempo histórico, que se recupera e se recria com base nelas. Queremos, assim, afirmar que esse sentido do discurso – como processo que enfatiza o contexto sem deixar de lado o avanço da linguagem – é importante para entendermos a crônica de futebol no passado e no presente e até ousarmos proferir algumas sugestões sobre o que ela pode vir a ser no futuro.

Quanto ao leitor, cabe a ele participar e interagir com o cronista numa intimidade que é estimulada pelo próprio gênero, com a gratuidade e a leveza herdadas dos folhetins. É dessas pequenas coisas, nessas curtas narrativas de futebol, que pretendemos tratar.

1
Começa o jogo...

> Não posso dizer positivamente em que ano nasceu crônica; mas há toda a probabilidade de crer que foi coletânea das primeiras duas vizinhas. Essas vizinhas, entre o jantar e a merenda, sentaram-se à porta para debicar os sucessos do dia. Provavelmente começaram a lastimar-se do calor. Uma dizia que não pudera comer ao jantar, outra que tinha a camisa mais ensopada do que as ervas que comera. Passar das ervas às plantações do morador fronteiro, e logo às tropelias amatórias do dito morador, e ao resto, era a coisa mais fácil, natural e possível do mundo. Eis a origem da crônica. (Assis, 1994, p. 13)

No texto acima, intitulado "O nascimento da crônica", Machado de Assis faz uma alegoria com uma "conversa entre vizinhas". O autor ainda mostra sua falta de preocupação, como escritor, de recorrer à historiografia para estabelecer datas precisas e encontrar autores pioneiros do gênero. Porém, é necessário que deixemos um pouco o tom informal da crônica machadiana para situarmos a origem histórica do termo.

A palavra "crônica", recebida do latim *chronicu*, tem origem etimológica no verbete grego *chronikós*, remetendo por isso à questão do tempo. Segundo a mitologia clássica,

> [...] o deus Cronos, filho de Urano (o Céu) e de Gaia (a Terra), destronou o pai e casou-se com a própria irmã (Reia). Urano e Gaia, conhecedores do futuro, predisseram-lhe, então, que ele seria, por sua vez, destronado por um dos filhos que gerasse. Para evitar a concretização da profecia, Cronos passou a devorar todos os filhos nascidos de sua união com Reia. Até que esta, grávida mais uma vez, conseguiu enganar o marido, dando-lhe a comer uma pedra em vez da criança recém-nascida. E, assim, a profecia realizou-se: Zeus, o último da prole divina, conseguindo sobreviver, deu a Cronos uma droga que o fez vomitar todos os filhos que havia devorado. E liderou uma guerra contra o pai, que acabou sendo derrotado por ele e os seus irmãos. (Bender e Laurito, 1993, p. 10)

A citação anterior pode ser compreendida como a impetuosidade do tempo, que engole tudo e todos. Podemos entender também que o que Cronos, ironicamente, não conseguiu engolir foi o próprio tempo.

E, no tempo designado "era cristã" ou "era comum", pode-se dizer que a crônica nasceu como uma narração de fatos históricos, segundo uma ordem cronológica. Situada, então, entre a tradição mitológica e os anais da história, a crônica apenas registrava os acontecimentos, sem qualquer aprofundamento das causas ou interpretação.

Ainda com essa acepção, a crônica chega à Idade Média (século XII), ligando-se de fato à historiografia, num vínculo que determinou uma importante distinção: as obras que narravam os acontecimentos com abundância de detalhes e fundamentavam-se numa perspectiva individual da história recebiam o nome de "crônica"; já os simples registros de efemeridades ("crônicas breves") passaram a se chamar "cronicões". Essa distinção só é encontrada no português e no espanhol; nos idiomas francês e inglês os dois significados são englobados em um único termo, respectivamente, *chronique* e *chronicle*.

Com esse viés histórico, a crônica perpassou vários países europeus, como França, Espanha e Portugal. Para efeito de ilustração, vamos observar como foi o percurso da crônica em Portugal.

Cronistas como Fernão Lopes, Gomes Eanes de Zurara e Ruy de Pina exerciam o trabalho de compilação de temas e de fatos históricos relacionados à monarquia e à expansão ultramarina do país. Os fatos recolhidos geralmente enalteciam as histórias dos reis portugueses, tendo finalidade pedagógica: transmitir as virtudes e os grandes feitos para os mais jovens. A crônica visava, portanto, deixar um legado para os descendentes e as gerações porvindouras, característica que acompanha o gênero até os dias de hoje, como veremos mais adiante.

A partir do Renascimento (século XVI), o termo "crônica" começou a ser substituído pela palavra "história". "O cronista é aquele que compila e historia os fatos" (Antonio, 2006, p. 26). Assim é que a história, já com o nome de história e não mais de crônica, passava a levar em conta outras instituições e contextos políticos que não fossem apenas aqueles remanescentes do período feudal.

Mas o sentido primeiro e etimológico do termo – narrativa vinculada ao registro de acontecimentos – continuou existindo paralelamente à acepção moderna do gênero, que se impôs a partir do século XIX, com o desenvolvimento da imprensa.

É importante frisar que, mesmo na sua designação moderna, o registro do tempo permanece, pois, como diz Arriguci Jr. (1987, p. 51), "[...] a crônica é uma forma do tempo e da memória, um meio de representação temporal dos eventos passados, um registro da vida escoada". Dessa maneira, embora hoje o cronista trabalhe com os mais variados assuntos, continua retirando do tempo a experiência vivida.

A significação moderna da crônica, ou seja, como gênero literário, nasceu apenas no século XIX. Assim entendida, a crônica teria sido inaugurada em 1800, na França, pelo jornalista Jean Louis Geoffroy, no *Journal dês Débats* (Moisés, 1999, p. 132). Nessa época, ela era impressa no rodapé do jornal, tendo a função de passar em revista os fatos da semana, além de entreter o leitor e conceder-lhe uma pausa para o descanso.

FINTA BRASILEIRA

No Brasil, já se começava a imitar os franceses, chamando-se esse espaço vazio de "folhetim". Estampado geralmente no rodapé da primeira página dos jornais, constituía um verdadeiro chamariz para atrair leitores.

No folhetim cabiam os mais variados assuntos, sob todas as formas e modalidades de diversão escrita. Nesse espaço de "vale-tudo" eram publicadas piadas, charadas, receitas de cozinha e dicas de beleza, críticas teatrais, resenhas de livros recém-lançados etc.

Essas características abrasileiradas são importantes para entendermos por que o gênero é hoje considerado tipicamente brasileiro. Vale retomarmos as palavras de Antonio Candido (1992, p. 15): "[...] pela naturalidade com que se aclimatou aqui e a originalidade com que aqui se desenvolveu".

Diferentemente das outras seções do jornal, a crônica apresentava-se como um texto irrelevante, que "fala de tudo" (generalidade) e até da "falta de assunto". Com esses "ares" de passatempo, em fins do século XIX e início do século XX, ela finalmente deixa de chamar-se folhetim e fixa-se com o nome crônica, que perdura até hoje em nosso país.

MÁRIO DE ANDRADE: UM CRAQUE

Esse histórico "espaço para quase tudo" foi construído no Brasil com a imprescindível participação de Mário de Andrade – que, entre 1927 e 1932, trabalhando no jornal *Diário Nacional*, desenvolvia o seu tema em dois tipos de crônica: a crítica e a pura.

Andrade considerava crônica crítica o texto que analisa/informa objetivamente, o artigo que prioriza o desenvolvimento lógico do assunto. Exemplos são as crônicas que se originam de uma notícia (um acontecimento importante, um lançamento de livro, uma partida de futebol) e em seguida incorporam a exploração crítica, pois o escritor começa a desenvolver a argumentação.

Já a crônica pura se constituía de textos que reproduziam a dimensão do cotidiano em cenas e anedotas, geralmente bem-humoradas, pois deveriam ganhar a adesão e a simpatia do leitor.

E é na esteira do Modernismo que Mário de Andrade considera, naquele momento, o futebol objeto de atenção e respeito. Num trecho da crônica "Brasil-Argentina" (1939), ele deixa claro que o sentido do belo leva o leitor a descobrir, no espetáculo do esporte futebol, uma ânsia que vai além da simples vitória.

"Que coisa lindíssima, que bailado mirífico um jogo de futebol!" (Andrade, 1967, p. 182). Assim, ele identifica no manejo dos corpos, na agilidade dos jogadores – a que chama de uma "coisa lindíssima, um bailado mirífico" – uma verdadeira dança para os olhos dos que sabem sentir e ver. Era, portanto, o momento de ganhar a simpatia do leitor "assustado" com as proposições nacionalistas do movimento modernista.

O texto de Mário de Andrade, que "supostamente" rompia com a classificação de gêneros literários, já se constituía no resultado da transformação de um fato real em uma versão recriada, com a sugestão da presença de um discurso ficcional que se apoiava na realidade. Andrade já "conversava" com o leitor, misturando palavra e futebol.

A palavra, como signo, sempre desperta uma imagem que desencadeia um processo de visões em série. Similarmente, um jogo de futebol também desencadeia uma série de acontecimentos imprevisíveis. Pode-se, então, antever que foi na "crônica pura" de Mário de Andrade que foram lançadas as sementes do que estamos chamando de crônica literária de futebol.

Ao mesmo tempo, esse é um olhar que deve ser cuidadoso, pois nessas duas tipologias do escritor – crônica crítica e crônica pura – quase se tocam os limites e os entrosamentos embrionários da crônica literária e da crônica não literária. Essa linha tênue é exposta pelo próprio Mário de Andrade (1967, p. 183), em outro trecho de "Brasil-Argentina":

> Ora, o que é que se via desde aquele início? O que se viu, se me permitirem a imagem, foi assim como uma raspadeira mecânica, perfeitamente azeitada, avançando para o lado de onze beija-flores. Fiquei horrorizado. Procurei disfarçar, vendo se lembrava a que família da História Natural pertencem os *beija-blores*, não consegui! Nem sequer conseguia me lembrar de alguma citação latina que me consolasse filosoficamente! Enquanto isso, a raspadeira elétrica ia assustando quanto beija-flor topava no caminho e juque! Fazia um gol. Era doloroso, rapazes. (grifo nosso)

Quando o narrador tenta (e não consegue) se "lembrar a que família da História Natural pertencem os beija-blores" ou com qual "citação latina ele deveria se consolar filosoficamente", dá a entender, metaforicamente, que há certa confusão de gêneros literários que o Modernismo – representado no texto pela imagem da "raspadeira elétrica" – inaugurou.

Um olhar mais cuidadoso vai nos mostrar que a figura do "beija-blor", colocado no texto como uma corruptela da palavra "beija-flor" e como junção das palavras "bola" e "flor", remete esteticamente a um "beija-bola". Assim, beijar a bola era beijar o estético, o belo, e diferenciar o "crítico" do "puro" ou o "beija--flor" do "beija-blor".

Ainda em "Brasil-Argentina", Mário de Andrade narra um trecho da crônica em forma de diálogo, demonstrando o caráter híbrido do gênero recém-nascido. Vejamos:

> Ficou desagradável foi quando ele se imaginou no direito de explicar por que torcia pelos argentinos:
> — Você compreende, amigo, nós uruguaios temos muito mais afinidade com os argentinos, apesar de já termos feito parte do Brasil. (Andrade, 1967, p. 182)

Nesse diálogo as ideias "conversam entre si" sem motivo aparente. Todavia, a aparência de simplicidade não implica o desconhecimento dos recursos artísticos. Num tom de conversinha miúda, o cronista "seleciona" uma cena e concede um "corpo" à história. Essas características conferem ao enunciado uma "visão" figurativa de espectador/torcedor de um jogo entre Brasil e Argentina. O diálogo do narrador com o uruguaio serve apenas como pano de fundo para provocar um efeito de sentido de intimidade no leitor.

Andrade também situa histórica e politicamente o Modernismo, quando o personagem/torcedor uruguaio diz ao brasileiro que o Uruguai já havia feito parte do Brasil. É claramente um discurso nacionalista do Modernismo – a crônica foi escrita em 1939 – recoberto por uma partida entre seleções de futebol de países vizinhos. Há de se perceber, então, o poder de recriação sobre o de mera transcrição. Sobre isso, Moisés (1999, p. 133) afirma:

> [...] modalidade literária sujeita ao transitório e à leveza do jornalismo, a crônica sobrevive quando logra desentranhar o perene da sucessão anódina de acontecimentos diários [...] afigura-se que a inspiração do escritor apenas se materializou em crônica por uma feliz coincidência entre o fato passageiro e as matrizes de sua faculdade criadora [...].

Dessa maneira, o gênero vai-se constituindo de natureza maleável, firmado no fato de se poder recorrer à observação expositiva e leve, simulando uma explanação ou comentário direto da opinião do narrador – ou, ainda, pelo derramamento subjetivo que reflete, misturando prosa e poesia.

É evidente que a classificação modernista de Andrade serve apenas como fator constituinte histórico, pois a crônica não apresenta forma fixa de composição e essa tentativa de classificação não implica o reconhecimento de uma separação estanque entre os vários tipos – os quais, na realidade, se encontram frequentemente fundindo traços de uns e outros.

Mas, ainda assim, é importante destacar que foi Mário de Andrade quem distinguiu a crônica do artigo, ou a crônica literária da "crônica não literária", lançando as bases fronteiriças de uma nova classificação literária muito presente nos jornais de hoje, isto é, a diferença entre crônica e artigo.

A IMPRENSA VESTE A CAMISA

Concomitantemente ao Modernismo e à importância de Mário de Andrade no trabalho precursor da crônica literária, mais especificamente da crônica de futebol, a imprensa tomava forma no Brasil segundo os moldes industriais, de produção em série, que perduram até hoje.

Para situarmos a chegada da imprensa no país, temos, antes, de observar seu surgimento na história. A invenção de Gutenberg (século XVII), o tipógrafo, nasceu junto com a Revolução Industrial. Era uma inovação que surgia para atender às necessidades da nova classe social que despontava no continente europeu: a burguesia.

No campo cultural, era o momento de o Renascentismo sobrepor-se e fazer da Europa – em especial da França – um verdadeiro berço para outras mudanças. Assim, o Renascentismo europeu e a revolução burguesa de 1830 lançaram as bases da moderna revolução jornalística.

Os franceses Émile de Girardin e Armand Dutacq resolveram explorar um novo espaço que despontava, o espaço da liberdade e da recreação, pois perceberam as vantagens financeiras que o folhetim poderia lhes render. Por isso, concederam-lhe lugar de honra no jornal *Le Siécle*. Logo, outros jornais resolveram explorar esse filão, surgindo dessa forma um verdadeiro *boom* "litero-jornalístico" sem precedentes.

Devido ao sucesso da fórmula "romance por fatias", o modo de publicação ficcional se altera: praticamente todos os romances passam a ser publicados nos jornais ou revistas na forma de folhetim, isto é, em série.

CHEGANDO AQUI...

No Brasil, o movimento se deu de maneira muito similar, porém com as peculiaridades do novo Estado que seria criado ainda no período colonial. É no território da colônia brasileira que surge a raiz de nossa imprensa. Com a expansão ultramarina portuguesa – ocorrida concomitantemente ao aparecimento da imprensa na Europa –, uma série de sanções aos escritores lusitanos foi imposta pelas instituições dominantes, sobremaneira a Igreja e o Estado, no Brasil Colônia.

Exilados em outros países da Europa, os escritores começavam a se ocupar do novo território descoberto e a se preocupar com as políticas escravistas e unilaterais. Nesse cenário, Hipólito da Costa fundou, dirigiu e redigiu o *Correio Brasiliense*, em Londres, saindo o número inaugural em 1.º de junho de 1808

(Sodré, 1964). Podemos considerar este, que era enviado clandestinamente por navios ao Brasil, ainda colônia portuguesa, o primeiro jornal brasileiro. Três meses depois surge, de maneira oficial, a *Gazeta do Rio de Janeiro*, editada pela corte portuguesa, no período de absolutismo comandado por D. João.

Há de se notar nesse início da imprensa brasileira colonial os dois tipos de periódico: a *Gazeta do Rio de Janeiro* era embrião de jornal, com periodicidade curta, intenção informativa mais do que doutrinária, formato peculiar aos órgãos impressos do tempo, poucas folhas, preço baixo; já o *Correio Brasiliense* era brochura de mais de 100 páginas, de capa azul-escura, mensal, muito mais de doutrina contra as políticas escravistas do que informativo e com preço bem mais alto, segundo Sodré (1964).

A proibição à imprensa, com atitudes extremadas como a destruição de máquinas tipográficas e a censura prévia, estabelecida antes mesmo de sair a primeira edição da *Gazeta do Rio de Janeiro*, se dava porque a regra geral da imprensa, nesse momento, era construir um discurso que "pesasse na opinião pública", como pretendia o *Correio Brasiliense*, e difundir suas ideias entre os formadores de opinião.

A censura à imprensa acabaria em 1827, ainda no Primeiro Reinado. A personalidade de D. Pedro II, avessa às perseguições, garantiu o clima de liberdade de expressão. Antes mesmo disso, a liberdade de imprensa já era garantida pela Constituição de 1824.

Entre os jornais cariocas da época imperial figuravam: *Gazeta de Notícias, O Paiz, Diário de Notícias, Correio do Povo, Cidade do Rio de Janeiro, Jornal do Commercio* e *Gazeta da Tarde*. Portanto, é preciso dizer que nesse novo cenário que se apresentava ressaltava-se o aspecto informativo – a informação da mensagem. Porém, ao mesmo tempo já se dava importância ao estilo literário, graças a movimentos culturais específicos. Assim, a própria forma encarregava-se de transmitir "informações estéticas".

Naquele jornalismo, a ênfase deslocava-se para os conteúdos, para o que era noticiado diariamente. O jornalismo se propunha a processar a informação em escala industrial e para consumo imediato; para isso, as variáveis formais deveriam ser reduzidas, pois a presença de uma simples metáfora poderia interromper a comunicação. Assim, os comentários deviam ser feitos numa linguagem que pretendia ser unívoca, referencial, objetiva, com a predominância do significado sobre o significante.

Por outro lado, os cronistas/escritores da época também queriam informar, mas segundo os seus sentimentos e as suas impressões. Graças à subjetividade – talvez seja sua marca mais evidente – que os cronistas diferenciavam seus trabalhos daqueles estritamente jornalísticos. É com base na subjetividade e por meio dela que o cronista orienta sua atividade criadora.

Naquele momento, então, o cronista-folhetinesco do Brasil trabalhava com o binômio informação/opinião de forma mais acentuada. Imprimia determinada orientação de significados aos fatos escolhidos; o cotidiano era filtrado por suas emoções e impressões. Por intermédio da subjetividade do texto, compunha uma narrativa sedutora, manipulando o fato, transformando-o em matéria literária. Assim, enquanto o jornalismo sublinhava o real, a crônica proporcionava sua recriação artística.

ALGUMAS PALAVRAS SOBRE ROMANCES E FOLHETINS

> [...] o folhetim nasceu do jornal, o folhetinista, por consequência, do jornalista [...]. O folhetinista é a fusão agradável do útil e do fútil, o parto curioso e singular do sério, consorciado com o frívolo. Estes dois elementos, arredados como polos, heterogêneos como água e fogo, casam-se perfeitamente na organização do novo animal [...]. O folhetinista, na sociedade, ocupa o lugar do colibri na esfera vegetal: salta, esvoaça, brinca, tremula, paira e espaneja-se sobre todos os caules suculentos, sobre todas as seivas vigorosas. Todo o mundo lhe pertence; até mesmo a política [...]. Tem a sociedade diante de sua pena, o público para lê-lo, os ociosos para admirá-lo, e a *bas bleus* para aplaudi-lo. (Assis, 2012, p. 45)

Já contextualizamos o início da crônica e da imprensa no país. Resta-nos falar um pouco mais sobre o início do folhetim, o pai da crônica brasileira.

Criado em 1827 pelo francês Pierre Plancher, o folhetim se transplantou com sucesso para o Brasil. Ao lado das traduções estrangeiras, o folhetim-romance propiciou uma grande produção nacional. Em 1839, o *Jornal do Commercio* começa a publicar também autores brasileiros. Em 1852, o *Correio Mercantil* dá vez aos folhetins de Manuel Antonio de Almeida e, em 1854, passa a contar com a colaboração de José de Alencar.

Aliás, a maioria dos romances nacionais do século XIX foi originalmente publicada na forma de folhetins: *O guarani*, de José de Alencar; *Memórias de um sargento de milícias*, de Manuel Antonio de Almeida; *O ateneu*, de Raul Pompeia; *Triste fim de Policarpo Quaresma*, de Lima Barreto etc.

LIMA BARRETO: UM JOGADOR REBELDE

Vale destacar que Lima Barreto (1881-1922), de origem humilde, nunca aceitou o futebol, que acabara de chegar ao Brasil trazido pelos ingleses, como veremos a seguir.

O romancista chegou mesmo a tornar-se inspirador de um movimento que se opunha ao "esporte bretão", assim chamado ironicamente por Lima Barreto por a palavra "bretão" referir-se à Grã-Bretanha e representar tudo quanto havia de mais elitizado em relação à sociedade de classes.

O escritor via na temática do futebol, então, um espaço para discutir o embate entre a elite e o povão. Para argumentar contra o futebol, Barreto escreve, em 1922, no ápice do movimento modernista, um texto que pode, do ponto de vista de classificação de gênero literário, ser visto como híbrido entre um conto e uma crônica. Denominado "Herói!", foi publicado na revista *Careta* em 1922.

O que permeia o texto de Barreto (*apud* Barreto, 1967, p. 61-62) é a conversa filosófica de dois amigos sobre seus filhos.

Eram dois filósofos a seu modo que nada perturbava. Revoltas, exposições, discurseiras, fogos de artifício – tudo isso os deixava frios. Uma coisa, porém, estava sempre a preocupá-los: a educação dos filhos. Nenhum dos dois foi feliz com eles. Felisberto, além dos outros, tinha o mais velho, Samuel, que não dera para nada. Tudo estudara e nada aprendera. A sua mania era o tal do football. O pai lutou em vão para que metesse no bestunto algumas noções com que ele pudesse ser, ao menos, amanuense. Era inútil. Desde de manhã até à noite, não fazia outra coisa senão dar pontapés na bola, discutir corners e o mérito dos rivais. Não ganhava dinheiro; mas, graças à mãe e outros arranjos, tinha-o sempre na algibeira. [...]

O filho mais velho de Teodoro, se não era dado a brutalidades esportivas, não possuía iniciativa de coisa alguma. Formara-se em Direito e foi o pai quem lhe arranjou um emprego de guarda no cais do porto, apesar de anel e tudo.

Há anos, tendo, por acaso, se encontrado os dois velhos amigos, Felisberto perguntou-lhe o que fizera do seu filho mais velho, formado em Direito.

— O que fiz? Fi-lo guarda do cais do porto!

— Como? Um bacharel?

— Por certo.

— Pois o meu, por não dar pra nada, deixei-o no football.

Como dizia acima, esses dois velhos amigos não se encontravam, há muito tempo, talvez desde que tiveram a conversa acima.

Há dias, eles se vieram a encontrar e foi com efusão de velhos camaradas que se falaram.

— Então, Teodoro, teu filho do cais do porto ainda continua lá?

— Continua; por sinal que já é escrevente; e o teu?

— Ah! Não sabes?

— Que houve?

— Vai receber cinquenta contos; é um herói nacional.

— Homem?

— Venceu o Campeonato Sul-Americano de Football, com o team nacional. E dizer que ele não dava pra nada!

O que permeia o enunciado é a retórica da "verdade acadêmica", da verdade comprovada e científica, em contraposição a um esporte que "não dera pra nada". Essa distinção que o autor faz, pela marcação do oposto, também se revela no trecho: "Eram dois filósofos a seu modo que nada perturbava".

Portanto, o futebol era nada mais que uma "mania" do filho que não se encaminhara na vida e iludia-se com os gostos da população de classe econômico-social mais privilegiada, ou seja, da elite.

Essa constatação pode ser feita também quando nos apercebemos do uso dos léxicos ingleses para denominar o novo esporte: *football, corners* e *team*. Isso porque, no Brasil, àquele tempo, o futebol ainda era praticado pela aristocracia: "Formava círculos fechados, nos clubes da alta roda. Em suma, era 'chic' ser jogador de futebol" (Barbosa, 1952, p. 275).

Na parte estética, o processo de convencimento pela veia irônica e a atitude provocativa de Lima Barreto mantinham o leitor atento ao texto. O efeito intimista que o diálogo entre os dois personagens provoca constrói o sentido de proximidade que se dá somente por meio da atmosfera familiar desse "croniconto" de Barreto.

A concisão linguística e estrutural é a marca do trecho que vimos. Com um modelo de narrativa curta, as características da crônica podem ser inseridas em outros textos que têm a intenção de levar o leitor à descontração e ao riso – e também à crítica.

Esse texto de Lima Barreto enquadra-se na produção nacional de embriões de romances, filhos dos folhetins de modelo francês. Nesse momento eram publicados então os textos "de fronteira", como é o caso do excerto anterior.

Tanto no "folhetim-romance" quanto no "folhetim-variedades" publicavam-se fatos e comentários acerca da vida diária da província, do país e do mundo. Essas duas formas de folhetim contribuíram para o desenvolvimento de grandes escritores, ajudando especialmente os jovens que desejavam tentar a carreira literária. Assim, presente em jornais da época, a crônica literária apresentava já a seu leitor uma elaboração artística dos acontecimentos cotidianos.

É por isso que, quando o narrador do croniconto de Lima Barreto formula opiniões, indigna-se com notícias ou fatos e exprime diretamente juízos de valor, também faz comentários expositivos e exterioriza emoções, lembrando o tom coloquial da crônica folhetinesca desse momento. Aproxima-se do jornalismo, mas não o toca.

Por intermédio desse exercício constante da crônica--folhetinesca, escritores como José de Alencar, Machado de Assis e o próprio Lima Barreto se prepararam para o romance. Que papel importante, então, teve a crônica em nossa literatura! Mesmo após a publicação de romances, esses escritores continuaram exercendo a função de cronistas.

JOGADAS DIFERENTES: A QUEBRA DA MONOTONIA

Esta é uma questão nuclear de nossa análise: à medida que a crônica "desentranhava" a sucessão de acontecimentos diários, acabava por desautomatizar um processo monótono e repetitivo do dia a dia estampado nas manchetes de jornais.

Por isso, talvez, a gratuidade dos temas e do texto. Podemos dizer que a crônica, ao apresentar seu texto como "inútil", feito apenas para o deleite, sem qualquer eficiência, produtividade ou rentabilidade, foi-se constituindo numa pausa para os problemas e as catástrofes noticiadas no jornal.

Para o crítico literário e escritor Luiz Roncari (1990, p. 41),

> o leitor da crônica só topa aquela coluna larga, se reconhece o sorriso do autor que vai em cima. [...]. Será só perda de tempo, é disso que o sorriso sincero do cronista deve convencer seu leitor, que mesmo sabendo disso topa a parada e, ainda, com gosto. Nesta relação, todos os artifícios do jornal são negados. Neste espaço, só atrai o reconhecimento da voz do sujeito que fala.

Se o peso das notícias manchetadas e repetitivas das "desgraças" dos jornais podia, então, começar a ser entendido historicamente como resultado da Revolução Industrial que se processara na Inglaterra, o contrapeso se dava pela ação dos cronistas, ainda que eles atuassem num terreno socioeconômico fértil para o modelo fabril da imprensa do capitalismo. É verdade que os jornais seguiram o modelo de produção em série das notícias, abrindo espaço para a celeridade do processo. Mas havia brechas para o texto literário.

Em seu *Jornalismo fin-de-siécle* (1993, p. 50) Ciro Marcondes Filho, estudioso da comunicação, faz uma afirmativa que bem poderia se aplicar àquele final do século XIX e início do século XX:

> O novo milênio aponta para uma substituição, assim, dos grandes sistemas filosóficos, religiosos, políticos, morais por um único sistema de eficiência, rendimento e produtividade; os deuses, líderes políticos, intelectuais ou genialidades artísticas cedem espaço para os grandes complexos organizacionais, institucionais e produtivos. Só que a máquina divina não tem corpo e alma, muito menos a aparência humana de antigos deuses para que o homem nela se identifique e se sinta como seu prolongamento. A nova idade não terá um deus regular, mas um deus mecânico.

Portanto, a crônica, recém-nascida dos folhetins, ao mesmo tempo e similarmente, criava uma identidade linguística e conseguia adaptar-se ao novo modo de produção.

2
A linha de três zagueiros: literatura, imprensa e futebol

Como vimos no Capítulo 1, o final do século XIX e início do século XX foram um momento claro de transição para a modernidade. E o esporte futebol acompanhou esse momento na literatura brasileira.

Monteiro Lobato e Godofredo Rangel, no texto "O queijo-de-minas ou a história de um nó cego" (Lobato e Rangel, 2008), publicado na revista *Minarete* entre 1906 e 1907, criam um personagem que é *"full-back"* e outro que é *"goal-keaper"*, além de um clube de futebol.

Em 1940, *Flô, o melhor goleiro do mundo*, de Thomaz Mazzoni, constitui-se no primeiro romance inteiramente futebolístico publicado no país[2]. Um jogador de futebol também aparece, ainda que brevemente, no romance de José Lins do Rego *Água-mãe*, cuja primeira edição é de 1941.

Assim, enquanto cresce a literatura tipicamente nacional, desenvolvem-se em terras tupiniquins a imprensa e o futebol. Com base nessa propositura histórica, podemos indagar se foi a literatura que incrementou a imprensa ou a imprensa que impulsionou a literatura. O futebol surge no meio dessa pequena dialética. Uma linha de três perfeita, nos melhores moldes do futebol moderno!

A imprensa brasileira torna-se o primeiro espaço físico para a divulgação das crônicas de futebol, e a linguagem literária herdada dos folhetins-romances alavanca artisticamente a crônica de futebol escrita nos jornais do país.

---

2. Segundo o próprio Mazzoni, o primeiro livro sobre futebol publicado no Brasil, ainda que não tenha sido um romance, foi *Regras de Football Association*, escrito em 1900 por Antonio Figueiredo.

OS DONOS DA BOLA E A BOLA

Quem senão os cronistas poderia fazer o recorte do futebol nesse novo cenário que se apresentava? Além de se empregarem com funções diárias na recém-nascida imprensa, os "novos escritores" também se ocupavam da literatura. Contextualizemos, então, o aparecimento do futebol no Brasil.

Segundo Milton Pedrosa (1967, p. 17), em 1864 marinheiros ingleses de navios mercantes travavam partidas nas praias do Rio de Janeiro em meio ao desinteresse dos habitantes locais.

> As primeiras partidas disputadas em terras brasileiras o foram nas praias, em terrenos baldios, em meio aos capinzais. Foram, pois, os locais abandonados seus primitivos domínios, até que, lentamente, vão surgindo os campos adequados, situados em chácaras e propriedades de pessoas ricas ou entidades de prestígio.

É nesse cenário que em 1894 retorna a São Paulo o brasileiro Charles Miller. Filho de pai escocês e de mãe brasileira de ascendência inglesa, Miller nascera no bairro operário do Brás, mas havia estudado na Inglaterra e participado de times ingleses de futebol. Ele trazia na bagagem duas bolas de futebol, juntamente com o desejo de introduzir o esporte no Brasil.

Atuando como jogador, árbitro e dirigente desde o princípio – e mais tarde apenas nas duas últimas funções –, Miller foi um entusiasta do esporte em geral, sendo também fundador da Associação Paulista de Tênis. Atleta do São Paulo Athletic Club (Spac), jogou no clube até 1910, quando se aposentou, passando em seguida a atuar como árbitro.

AS PRIMEIRAS NOTÍCIAS

Miller era de trajetória aristocrática, e o futebol, ainda considerado esporte de elite, tinha dificuldades de penetração na imprensa. Para o desportista, empresário, jornalista e, talvez, o mais importante historiador que o futebol brasileiro já teve, Mário Filho (1964, p. 13),

> [...] o futebol só interessou às folhas depois de se tornar paixão do povo. Enquanto não encheu os campos, não dividiu a cidade em grupos, em verdadeiros clãs, o futebol quase não existia para os jornais. Por isso a consulta de jornais até 10 [1910] pode servir, quando muito, para estatísticas de resultados de jogos.
>
> [...]
>
> Somente depois de 1910 é que o futebol, transformado em assunto jornalístico, permitiu que apaixonados pelo esporte bretão, cada um com o seu clube, escrevessem crônicas, às vezes assinadas com as iniciais.

Portanto, deixemos claro que os primeiros cronistas abordavam temáticas gerais, associadas ao cotidiano. Tratava-se ainda do colunismo social. Não existia uma periodicidade em relação ao assunto esporte ou ao futebol – que, nos primeiros anos do século XX, ainda disputava a preferência do público com outras modalidades como o turfe, o remo e o ciclismo.

Assim, é importante registrar que os primeiros comentários sobre um jogo de futebol na imprensa brasileira foram feitos no *Jornal do Brasil*, no Rio de Janeiro, e no jornal *O Comércio*, em São Paulo, ambos em 1901. Nota-se que os estados de São Paulo e do Rio de Janeiro já rivalizavam por um tema que acabara de nascer no Brasil.

Em São Paulo, naquela que pode ser considerada efetivamente a data inaugural da primeira notícia de futebol, em 17 de outubro de 1901, o jornal *O Comércio* publicou a seguinte notícia antes do jogo:

> Foot-Ball; no sábado, à tarde, 19, e no domingo de manhã, se realizam dois matches de foot-ball nesta cidade, entre rapazes dos clubes daqui e os do Rio, que para esse fim vêm a esta capital especialmente.
>
> É a primeira vez no Brasil que se joga um match deste interessante sport entre dous Estados, e se acrescentarmos que são brasileiros os rapazes e na maior parte vêm do Rio para disputar o campeonato Brasil-1901 há justo motivo de nos regozijarmos porque, finalmente, a nossa gente começa a se dedicar com afinco a este utilíssimo exercício, cujos benefí-

cios para as nossas *futuras gerações* se hão de patentear na sua robustez física, condição essencial em todos os ramos do labor humano.

Aos nossos leitores, que aconselhamos não perderem um minuto deste interessante encontro, prometemos todos os pormenores que os possa guiar e conduzir nesta curiosa prova de foot-ball. (grifos nossos)

Além da rivalidade histórica entre os estados do Rio de Janeiro e de São Paulo presente nas duas primeiras notícias da imprensa brasileira sobre o futebol, há de se observar o caráter visionário do texto do jornal *O Comércio*, que falava sobre os "benefícios para as futuras gerações" que o futebol traria – ainda que, nesse momento, o que se vislumbrava era a robustez física, essencial para o trabalho proletário e massacrante do dia a dia... pobres brasileiros! O futebol não tinha ainda, portanto, o caráter de lazer, de divertimento.

QUEM NÃO TEM BOLA ARRANJA UMA

Nesse ínterim, enquanto o futebol ainda era "artigo de luxo", trazido pelos ingleses e para poucos, o esporte engrandeceu-se e atingiu as camadas mais populares e humildes, que dariam origem, mais tarde, aos craques do futebol. E era óbvio que assim acontecesse.

Impedidos, por falta de recursos, de adquirir os brinquedos dos mais ricos, os garotos pertencentes às classes menos favorecidas tinham de valer-se, em sua necessidade lúdica, de suas próprias invenções.

Os operários das grandes fábricas de São Paulo, sabidamente pessoas de menor poder aquisitivo, praticavam o recém-chegado futebol no bairro paulistano de Várzea Paulista e às margens dos rios paulistanos, daí o termo, codificado pela oralidade, "futebol de várzea". Não havia nenhuma diferença entre as regras do futebol de várzea e as do outro, a não ser a motivação do esporte, facilmente praticado em qualquer local:

Um terreno vago, dois pedaços de madeira servindo de baliza – às vezes nem isso, apenas duas pedras marcando os limites do gol –, uma bola, arranjada como era possível, e longas horas de liberdade compunham a receita que ao correr do tempo ia preparando os futuros campeões. (Pedrosa, 1967, p. 17)

Nessas peladas organizadas nas várzeas, nos terrenos baldios, onde obscuramente haviam feito seu aprendizado, os agora crescidos meninos-homens do futebol começavam a se tornar ídolos e davam o formidável impulso à popularização do esporte no Brasil. E os cronistas da época, que não precisavam esgotar os temas ou manter-se bem informados sobre assuntos de alguma especialidade – pois a beleza de seus textos residia justamente em captar pequenos "fragmentos gerais" sobre o cotidiano e desenvolvê-los com leveza –, começavam já a perceber a mudança eminente que o futebol proporcionava. No texto a seguir, denominado "Campeões" e publicado em 1958, Ferreira Gullar diz:

Não sei quem terá escapado à atmosfera de alegria e pânico em que o Rio mergulhou nestas últimas semanas com os últimos jogos da Copa do Mundo. Sem saber como nem por quê, vi-me de repente de ouvido grudado ao rádio: era como se as cargas de eletricidade (ou o que fosse) me entrassem pelo ouvido numa frequência poderosa e instável que ora me fazia suar frio ora estremecer de expectativa e apreensão.

Já Ciro Pessoa, em "A bola, a rede, o gol: o futebol está além das razões" (1997, p. 44) afirma: "Tal bola rola sobre uma espécie de planície onírica com dois arcos em suas extremidades, os gols, ou as metas (do inglês *goal* = objetivo, meta), em cujo interior se encontraram as redes".

A TABELINHA ENTRE A CRÔNICA DE FUTEBOL E A LITERATURA

Que papel a crônica de futebol ocupa nas redações de jornal e no imaginário dos leitores? O futebol tem sido tema de inúmeras criações literárias – como poemas, romances e contos –,

40 Rodrigo Viana

mas, como já vimos, no Brasil a crônica é o gênero que mais se aproxima do esporte.

Tomemos, ainda uma vez mais, a crônica "A bola, a rede, o gol", de Ciro Pessoa (1997, p. 44), como ilustração. Num exercício "metafutebolístico", o narrador tenta encontrar uma explicação para a paixão dos povos pelo futebol, o que constituiria uma proximidade maior entre o esporte e a literatura.

> Já faz algum tempo que venho tentando compreender a paixão que o futebol desperta nos mais diferentes povos dos mais recônditos lugares de nosso planeta. Mas, como toda paixão é inexplicável porque traz em si uma dose significativa de irracionalidade e insanidade, acabei por não obter nenhuma resposta convincente. Tudo que consegui encontrar foram algumas pistas. Que por ora satisfazem parte dessa minha curiosidade.

Observamos que o narrador/autor divaga sobre um arquétipo coletivo: "Mas, como toda paixão é inexplicável porque traz em si uma dose significativa de irracionalidade e insanidade, acabei por não obter nenhuma resposta convincente". Assim, a falta de resposta acaba sendo a própria resposta.

Retomando a história, até a década de 1940, existia um cenário de ambientação do novo esporte no país. Até por isso, não havia cronistas especializados no assunto, pelo menos no círculo da intelectualidade brasileira, que, na época, ainda buscava uma identidade que estava dividida entre os esportes aristocráticos e o "emergente" futebol.

Foi preciso que os jogadores resolvessem a situação dentro de campo. A crônica esportiva de futebol começa a ganhar força juntamente com o próprio esporte, com os feitos dos craques nas décadas de 1930, 1940 e 1950. Bastaria dizer que, em 1950, mais de 200 mil pessoas foram ao estádio Mário Filho, o Maracanã, no Rio de Janeiro, para assistir à final da Copa do Mundo entre Brasil e Uruguai. O futebol passou a ser, então, mais do que um esporte nacional, uma verdadeira paixão popular que mobilizava um contingente de centenas de milhares de praticantes e torcedores a cada final de semana.

Para o professor, jurista, desportista, ex-dirigente de futebol e escritor João Lyra Filho (1967, p. 171), naquele tempo,

> [...] o Maracanã é ponto de confluência do povo e derivativo que amortece angústias sociais. Os desportos têm virtudes que atuam como sedativo; o futebol, sobretudo, possui um poder de atração que não encontro em nenhuma outra atividade social. Nenhum outro interesse coletivo tanto conjuga o ânimo das classes populares ao lado de todas as outras.

Vale aqui uma reflexão sobre esse efeito "catártico" do futebol. Em "Psicologia do torcedor", Mira y Lopez e Silva (1967, p. 149) afirmam:

> [...] não há dúvida de que entre todos os esportes o futebol é o mais difundido, o que maior número de adeptos tem no mundo e o que mais é capaz de excitar uma multidão, em qualquer lugar da Terra. Seja qual for a idade, posição econômica, profissão, credo ou nível cultural do indivíduo que vai assistir a uma competição futebolística, tão logo o jogo se inicia, ele se sente empolgado pelas suas incidências e vai se transformar num torcedor, mais ou menos apaixonado, desta ou daquela equipe. Inclusive existem outros esportes à base de movimentações de bola (beisebol, basquetebol, tênis, voleibol etc.) que podem oferecer jogadas de maior beleza e combinações de maior complexidade, passíveis de entusiasmar determinados povos ou públicos, porém nenhum deles possui o caráter de universalidade do futebol.

Num dado histórico esclarecedor, os mesmos escritores afirmam que

> precisamos remontar quase à Pré-História para descobrir na América Central (Iucatã) as ruínas dum estádio em que, segundo afirmam os antropólogos, se realizava um jogo extremamente similar entre dois times. A "pelota" que precisava ser colocada em jogo era... a cabeça do

capitão da equipe que havia perdido o jogo anterior! Ocorre-nos imediatamente perguntar: haverá alguma semelhança – pelo menos simbólica – entre a luta futebolística e a luta pelo triunfo da vida? Sem dúvida, cabe responder afirmativamente, pois cada espectador se identifica com um time e quando um jogador desse time consegue meter a bola nas redes, ou seja, quando alcança seu objetivo (recorde-se que em inglês a palavra "goal" significa precisamente isso: "meta", "objetivo", "propósito"), esse espectador experimenta a mesma satisfação que se houvesse alcançado alguma das suas finalidades ou propósitos na vida.

Voltemos, uma vez mais, à crônica de Ciro Pessoa (1997, p. 44):

O gol tem poderosas propriedades terapêuticas. Basta observar a expressão de um torcedor momentos antes de um gol e logo após a sua marcação: rugas se desfazem, o fígado parece desopilar-se, o bom humor se instaura no lugar da apreensão e o gesto contido é imediatamente substituído pelo gesto expansivo. Um gol não é marcado somente pelo jogador que está em campo. Um gol é um feito coletivo: é quando torcida e jogadores se unem num frenesi comum, numa espécie de orgasmo orgiástico.

Assim, o narrador também busca explicações psicanalíticas para a paixão pelo futebol.

OS CRAQUES DO PASSADO: ORIGENS ANCESTRAIS DO FUTEBOL

Os instintos de perder ou vencer, de matar ou morrer, são ancestrais. Apenas não se está no local de combate, e sim assistindo pela TV. Vejamos o que diz Carl Sagan no texto "Da flecha à bola" (1988, p. 58):

O mais antigo evento atlético organizado de que se tem notícia remonta à Grécia pré-clássica, há 3.500 anos. Durante aqueles primeiros Jogos Olímpicos, uma trégua suspendia todas as guerras entre as cidades-estado gregas. Os jogos eram mais importantes que as batalhas. Nessas competições os homens participavam nus e não era permitida a entrada de mulheres na plateia. Por volta do século VIII a.c., as Olimpíadas consistiam em corridas (muitas modalidades), saltos, arremesso de objetos (inclusive dardos) e lutas (às vezes até a morte). Embora nenhuma dessas competições fosse praticada em equipe, elas foram fundamentais para o desenvolvimento dos modernos esportes coletivos e também para a caça esportiva.

Nesse relato sobre a origem das Olimpíadas, fica clara a posição do autor pela tese de que os esportes nasceram sendo "mais importantes que as batalhas" e, portanto, a guerra mais antiga do mundo.

Então talvez os jogos de equipe não sejam apenas ecos estilizados das antigas guerras; talvez eles também satisfaçam um desejo quase esquecido de caçar. Mas, se nossa paixão pelo esporte é tão profunda e tão difundida, é possível que esteja arraigada em nós, não em nosso cérebro, mas em nossos genes. Os 10 mil anos decorridos da invenção da agricultura não são tempo suficiente para que tais predisposições tenham evoluído. (*Ibidem*)

OS CRAQUES DO PRESENTE

Presente sobremaneira na atualidade em livros (coletâneas), revistas e jornais de circulação nacional, atingindo a "massa" das bancas, dos metrôs e dos sinais de trânsito, a crônica de futebol coloca grandes cronistas em contato com um tipo de público menos afeito à leitura ou a esse tipo específico de literatura jornalística.

Alguns desses cronistas já atuaram no esporte, como é o caso de Tostão, craque do Cruzeiro e da Seleção Brasileira de 1970 que, além de um livro, tem uma coluna semanal na *Folha de S.Paulo*. Walter Casagrande, ídolo do Corinthians na década de 1980, é colunista do *Diário de S. Paulo*.

A crônica de futebol também é tema de artistas não ligados diretamente ao esporte. O escritor e jornalista Xico Sá mantém um blogue sobre futebol no portal UOL que é replicado semanalmente na *Folha de S.Paulo*. Juca Kfouri, combativo jornalista com formação sociológica, também é blogueiro do UOL e colunista da *Folha*.

O cantor e compositor maranhense Zeca Baleiro é cronista de futebol da revista *IstoÉ*. Outro letrista da nossa MPB, o cantor e compositor Nando Reis, assinou por anos uma coluna semanal no jornal *O Estado de S. Paulo*. O mesmo *Estadão* mantém em suas linhas semanais o cineasta Hugo Giorgetti, diretor do renomado filme *Boleiros*.

São muitos os jornalistas e comentaristas que escrevem sobre futebol. Entre eles podemos citar Fernando Calazans, Luis Carlos Reche, Nando Gross, Lucas Pereira, Fabiano Baldasso, Ruy Carlos Ostermann, Antero Greco, Alberto Helena Junior, Mauro Betting e Paulo Vinícius Coelho, o PVC, considerado por muitos o melhor colunista "tático" do futebol brasileiro.

O jornalista e escritor José Roberto Torero é conhecido por seu texto intrinsecamente literário e por suas narrativas criativas, seja em jornais, revistas, livros ou roteiros audiovisuais. Para sorte do futebol, o santista Torero é apaixonado pelo esporte e sempre transforma os dribles, os craques e os golaços em belas figuras de linguagem, personagens míticos e histórias tocantes.

Além de colunista da revista *Placar* e do jornal a *Folha de S.Paulo*, Torero escreveu diversos livros sobre futebol. Vejamos uma de suas obras-primas, a crônica "O outro" (2005).

O fato ocorreu há uns três anos. Não o escrevi logo porque queria esquecê-lo. Como não consegui, vou imprimi-lo aqui. Assim, pelo menos, ele se transformará em ficção e deixará de ser o vivo fantasma que me persegue.

Eu estava sentado num banco da praça, observando o pequeno lago que espelhava o céu. Quando cansava da paisagem, lia um pouco sobre Borges. Não, não sobre Jorge Luis Borges, mas sobre Carlos Alberto Borges, meia que fez algum sucesso no Palmeiras de Telê Santana.

A BOLA E O VERBO *45*

Virava a página quando sentou-se um homem no banco. Olhei-o com atenção. Era eu.

Ou melhor, um outro eu, sem barba, mais magro e vestindo uma camisa do Jabaquara. Ele também me percebeu e trocamos um olhar assustado.

Quando me recuperei, perguntei:

— Por acaso você nasceu em Santos?

— Isso mesmo.

— E por acaso você não se chama Torero?

— É o meu sobrenome. Mas não me chamam assim há muito tempo.

— E como te chamam?

— Touro.

— Como?

— É o apelido que me deram quando jogava de médio-volante.

— Você não é jornalista?

— Não. Nunca fui.

Vi que estava diante de uma possibilidade de mim mesmo. Uma espécie de universo paralelo que aparece nos contos fantásticos e nos episódios de "Jornada nas Estrelas". Curioso, perguntei:

— Como você começou a jogar futebol?

Ele achou a pergunta estranha, mas não menos que aquela situação. Então respondeu:

— Quando tinha 15 anos fiz um teste num time de várzea chamado Universo, lá do Saboó, e passei. Dali fui para o Jabaquara, onde joguei até os 20, e aí entrei no Santos. Fui reserva do reserva do Dema no Paulista de 84. Eu era um jogador meio violento. Estilo Chicão. Não consegui me firmar no time e fui vendido. Joguei no Marília, no XV de Piracicaba, no Águas de Lindoia, no Itararé, no Tanabi, no Linense, no Garça e voltei para o Jabaquara. Hoje sou o auxiliar técnico de lá.

— Entendi o que está acontecendo. Você é eu, só que passou no teste do Universo. Lembro que fui até lá, perdi um gol na cara do goleiro e acabei dispensado.

— Eu lembro desse lance. A bola bateu na trave e entrou.

— A sua entrou. A minha saiu.

— Foi sorte.

— Ou azar. E você escreve sobre o quê?

— Sou colunista esportivo.

— E nunca jogou futebol profissionalmente?

— Nunca.

Após me olhar fixamente por algum tempo, ele disse: "Se tem uma coisa que detesto é colunista esportivo que nunca jogou bola e vive dando palpite".

Eu respondi: "Se tem uma coisa que eu odeio é volante que não sabe jogar bola e só vive dando pancada".

Então nos levantamos e saímos, um para cada lado, sem olhar para trás.

Ao mesmo tempo odiando e invejando nossos outros eus.

Talvez Torero seja, hoje, quem mais sintetize essa relação que "não jornalistas" têm com a crônica de futebol. Vejamos a crônica a seguir, denominada "O dia em que virei santista" (2007):

Aos nove anos eu ainda não tinha escolhido para quem torceria. E isso era muito bom, porque criava uma certa disputa entre o pessoal de casa.

Meu tio Mauro falava que eu tinha que torcer para o Palmeiras, porque o verde era a cor mais bonita do mundo. Mas, como essa cor me lembrava alface, chuchu, chicória e outras verduras que eu tinha que comer à força, seu argumento não era grande coisa.

Já minha avó era corintiana. E muito. Escutava os jogos em seu radinho de pilha e gritava quando saía um gol. Porém, como o Corinthians estava há muito tempo sem ganhar um título (eram os idos de 1974 e o deserto ainda duraria mais três anos), ela não possuía grandes argumentos para me convencer. Ela só dizia que, mesmo perdendo, era bom ser corintiana. Mas eu ainda era muito criança para a metafísica.

Meu pai, por sua vez, tentava ganhar minha simpatia dizendo que o Santos era o time da minha cidade. O problema é que uma criança não tem o sentimento bairrista desenvolvido e, assim, esse argumento também não ia muito longe.

Como ninguém conseguia me convencer com palavras, passaram a tentar comprar minha opinião com presentes. Eu ganhava montes de chaveiros, jogos de botões e figurinhas. Mas, como havia um equilíbrio entre os presentes, o empate permanecia.

Porém, um dia, ou melhor, uma noite, meu pai mandou que eu me arrumasse porque ele ia me levar até a Vila Belmiro. Disse que iria acontecer um jogo muito importante e que eu tinha que ver aquilo.

Achei o estádio uma coisa fantástica. Nunca tinha visto tanta gente junta. Nem tantas bandeiras, nem tantas luzes. Era uma mistura de música, fogos de artifício e gritaria. Uma coisa selvagem e linda ao mesmo tempo. De toda aquela festa eu tinha gostado muito. Já o jogo não estava sendo grande coisa. Mas aí, de repente, um dos jogadores do Santos se ajoelhou no meio do campo e houve um instante de silêncio, como se ninguém acreditasse no que via. Logo depois os torcedores ficaram de pé e começaram a bater palmas. O jogador abriu os braços e virou-se, de joelhos, para os quatro lados do estádio. Olhei para trás e vi que todo mundo estava chorando. Pior, olhei para o lado e vi que meu pai estava chorando. Meu pai chorando!? Aquilo era uma coisa que eu nunca tinha visto na vida. Nem visto, nem imaginado.

Perguntei-lhe o que estava acontecendo. Ele me explicou que aquele homem de joelhos ia parar de jogar futebol.

"Vai parar porque é muito ruim?", perguntei.

"Não, ele é o melhor do mundo", meu pai me respondeu com os olhos cheios de lágrimas.

Eu não entendi aquela lógica: "Se ele é o melhor do mundo, por que vai parar de jogar?"

Meu pai não me respondeu, só ficou olhando para o campo. Talvez ele também não tivesse a resposta. Nem ele, nem os milhares de homens que choravam na Vila Belmiro, transformando as arquibancadas em cascatas. Depois, quando o jogo recomeçou, com meu pai ainda triste e calado, resolvi que tinha que fazer alguma coisa para consolá-lo. Pensei no que poderia deixá-lo mais alegre. Pensei, pensei e, quando tive uma ideia, falei: "Pai, acho que vou torcer para o Santos".

Ele olhou para mim, enxugou as lágrimas, pôs a mão no meu ombro, sorriu e não falou nada. Mas nem precisava. Naquele momento, eu vi que tinha substituído Pelé.

Foi assim, no dia mais triste da história do meu time, que eu me tornei santista.

O ESTILO DE JOGO

> A crônica não é um "gênero maior". Não se imagina uma literatura feita de grandes cronistas, que lhe dessem o brilho universal dos grandes romancistas, dramaturgos e poetas. Nem se pensaria em atribuir o Prêmio Nobel a um cronista, por melhor que fosse. Portanto, parece mesmo que a crônica é um gênero menor. (Candido, 1992, p. 13)

Para posicionarmos com mais clareza os aspectos literários da crônica de futebol que, a nosso ver, conseguem traduzir algo próximo dos sentidos, utilizando-se da aproximação entre autor/narrador e leitor, queremos dizer que esses efeitos são muito similares àqueles vivenciados pelos personagens das crônicas (torcedor, jogador, o próprio jogo, o campeonato). Vamos entender um pouco como se dá esse processo e de que forma ele foi construído, paralelamente à profissionalização dos escritores/cronistas de futebol.

Primeiramente, o narrador/cronista de futebol é, em princípio, um ser humano que se sente, ele próprio, um jogador da partida ou um torcedor presente no jogo ou campeonato que narra. As sensações dos espaços e do tempo narrados por ele seriam transpostas para o que vamos chamar de "momento da obra". Isso se dá, como dissemos, por meio de elementos de uma arte universal e atemporal, a literatura, nosso campo maior de estudo.

Nas crônicas de futebol de nosso *corpus*, os autores/narradores, ao se transformarem em outro (leitor), saem do espaço da enunciação (eu/aqui/agora) e transportam-se para o espaço do enunciado (ele/lá/então), criando as condições que estamos chamando de humanizantes. Para clarear um pouco mais nossa afirmação, devemos entender que, ao sair da posição de "ausência", o enunciador/narrador torna-se coenunciatário da história e possibilita a humanização do texto. Queremos, portanto, demonstrar que esse efeito de sentido humanizante provoca a impressão de estarmos vivenciando as sensações das narrativas escolhidas. É como se o leitor estivesse lá!

A BOLA E O VERBO *49*

O fato de os textos serem narrativas de futebol – esporte considerado uma manifestação artística por muitos críticos – possibilita, com velocidade e progressão na narrativa, causar um efeito de sentido da "presença". Por outro lado, quando o texto é analítico, causa o efeito contrário, ou seja, o sentido da "ausência". Por isso é que se dá a emblematização do literário no acontecimento. Isto é, o enunciado fica vinculado ao tempo, carregando consigo não só a objetividade do acontecimento, mas também toda a figuratividade que o autor conferiu ao texto. Como exemplo, observemos novamente um trecho da crônica de Ciro Pessoa (1997, p. 44):

> É claro que existem diversas qualidades de gol e, portanto, diversas reações diante desse momento mítico do futebol: o gol cocho, em que a bola é espirrada para dentro da meta do arqueiro – que pode ser contundente catártico se marcado em um momento delicado da peleja – e o chamado gol de placa, que sempre tem em sua confecção os elementos da arte e da beleza, além do clássico estufar da rede. Esse tipo de gol é a própria razão de ser do futebol. Os locutores esportivos costumam defini-lo como "um gol que vale o ingresso". Um exemplo desse tipo de gol foi aquele marcado pelo eterno rei do futebol, Pelé, contra o País de Gales na Copa de 1958. Um leve toque de gênio, o chapéu no zagueiro, e, sem deixar a bola cair no gramado, o barbante, a rede, o *stuffah*! Um real gol de placa!

Quando o narrador dá o exemplo do "gol que vale o ingresso" de Pelé, ele leva a si e ao leitor para aquele tempo – 1958, na Suécia, no primeiro título mundial do Brasil. A enunciação composta de forma descritiva faz que o enunciado tome uma aparência de real, de estar acontecendo no momento da enunciação. Ao usar o recurso onomatopeico do "*stuffah*!" da rede no gol de Pelé, o autor coenunciatário da história explora o sentido auditivo e provoca a impressão do barulho da rede. E o próprio cronista explica: "[...] a rede é, sem sombra de dúvida, uma componente essencial do futebol: todo o jogo é jogado na esperança de que a bola estufe a rede. Escutem *stuffah!* O som, o símbolo, a bola entranhando-se na rede (goool!), tudo aí parece ser manifestação de pura magia" (Pessoa, 1997, p. 44).

Por essa evolução da linguagem e dos acontecimentos é que, após a década de 1940 e com o primeiro título mundial em 1958, o futebol se profissionalizava dentro de campo e arrastava multidões. Ao lado disso, levava a imprensa e os novos empresários da comunicação a enxergar no futebol um objeto de consumo altamente rentável. Dessa maneira, ele passa a ser considerado um elemento importante que ampliaria as vendas de determinados periódicos. Mais que isso, a crônica de futebol ganhava força não apenas econômica e em espaço físico – páginas inteiras e manchetes de capa de jornais e revistas, além dos posteriores livros –, como também em termos linguísticos: o uso de uma linguagem mais elaborada, sofisticada, em grande escala, é uma marca dos cronistas do Brasil, o país do futebol.

UMA BELA DUPLA DE ATACANTES: MÁRIO FILHO E JOÃO SALDANHA

Como dissemos, até o início da década de 1940, o cronista esportivo ocupava a posição mais baixa na hierarquia dos jornais. Com a incrementação do processo logístico, inclusive da produção de notícias, o analista e o repórter esportivo passaram a ser valorizados em virtude de seu trabalho com a promoção de competições, eventos, notícias e fatos – em suma, do próprio espetáculo.

As conquistas das Copas do Mundo de 1958 (Suécia) e 1962 (Chile) engrandeceram ainda mais esse cenário, que, impulsionado pelas condições econômicas favoráveis do país, consolidava de uma vez a imprensa de futebol no Brasil.

No entanto, pode-se dizer que o pioneiro da crônica de futebol brasileira foi o jornalista e escritor Mário Filho (1908-1966). Com passagem por diversos periódicos, ele foi um dos maiores entusiastas do esporte. Seguindo os passos desse cronista e com o início da discussão das táticas desenvolvidas dentro de campo, nas décadas de 1960 e 1970, novos autores surgiram. Também a partir de Mário Filho as crônicas começaram a ser reunidas e publicadas em livro.

Desses livros, podemos citar, além de Mário Filho, com *O sapo de Arubinha: A pátria em chuteiras* e *A sombra das chuteiras imortais*, de Nelson Rodrigues; *O canto dos meus amores, O homem e a bola, Bola de cristal* e *A ginga e o jogo*, de Armando Nogueira; *A eterna privação do zagueiro absoluto*, de Luis Fernando Veríssimo; *Histórias do futebol* e *O trauma da bola*, de João Saldanha; *O gol é necessário*, de Paulo Mendes Campos; *Tostão: lembrança, opiniões, reflexões sobre futebol*, do próprio Tostão; *Bola na rede: a batalha do Bi*, de Stanislaw Ponte Preta, *Veneno remédio: o futebol e o Brasil*, de José Miguel Wisnik, entre outros.

O movimento de ascensão do cronista esportivo atinge seu ápice no fim da década de 1960 e, mais especificamente, em junho de 1970, com a conquista do tricampeonato mundial de futebol, no México. A transmissão pioneira e em cores dessa partida pela televisão para o país é outro fator histórico emblemático dessa nossa exposição.

No cenário político, o Brasil da época é comandado pelo regime militar (pós-golpe de 1964), que necessita de outras instituições de apelo popular para lastrear sua imagem. São constantes as interferências do então presidente da República, o general Emílio Garrastazu Médici, na escalação da Seleção Brasileira. Inclusive se atribui a ele a troca do técnico da equipe às vésperas da competição mundial: João Saldanha (1917-1990), treinador e também cronista de futebol, mas sabidamente um homem de visão política de esquerda, ligado ao então "Partidão" (Partido Comunista Brasileiro), seria afastado do comando técnico meses antes do início do campeonato mundial no México, assumindo em seu lugar Mário Jorge Lobo Zagallo.

Várias são as versões dos cronistas da época para essa mudança, desde a provável dispensa de Pelé por João Saldanha em decorrência de um problema de visão do rei do futebol até a antipatia, por motivos óbvios, que os militares tinham pelo técnico. Fato é que, com Zagallo no comando, governo e Seleção tornavam-se hegemônicos, pois uniam as duas instituições simbolicamente mais poderosas do país: política e futebol. Apenas como exemplo, os *slogans* "político-futebolísticos" da época eram: "Pra frente Brasil", "Brasil ame-o ou deixe-o" e "Vamos lá Seleção", entre outros.

Mas, se Saldanha foi retirado do comando técnico da seleção, continuava cada vez mais firme na "Seleção Brasileira dos Cronistas de Futebol":

> Nunca assisti a coisa igual. Só a torcida mexicana com seu traquejo de touradas poderia, de forma tão sincronizada e perfeita, dar um "Olé" daquele tamanho. Toda vez que Mané parava na frente de Vairo, os espectadores mantinham-se no mais profundo silêncio. Quando Mané dava aquele seu famoso drible e deixava Vairo no chão, um coro de cem mil pessoas exclamava: "Ôôôôô!" O som do "olé" mexicano é diferente do nosso. O deles é o típico das touradas. Começa com um "ô" prolongado em tom bem grave, parecendo um vento forte, em crescendo, e termina com a sílaba "lê" dita de forma rápida. Aqui é ao contrário: acentua-se mais o final "lé": "Olééé!" – sem separar, com nitidez, as sílabas em tom aberto. (Saldanha, 1967, p. 175)

Aqui temos, talvez, uma das mais perfeitas expressões da relação texto/contexto do futebol. João Saldanha descreve o nascimento do drible conhecido pelo léxico "olé" no jargão futebolístico. Consegue, com maestria, fazer-nos "ouvir" o olé mexicano e o olé brasileiro por meio de um efeito de sentido de proximidade: "o olé mexicano é diferente do nosso".

Não só a recriação semântica (a história "floreada" pelo cronista sem assunto) aproxima essas palavras do seu significado dicionarizado: a aproximação por meio do significante também caracteriza algumas palavras (personagens) do texto. As vogais fechadas (ô) e abertas (é) sugerem a força e a densidade da emoção contida no drible "olé". Portanto, pelo método da conversa-fiada, da palavra-puxa-palavra, o cronista, que almejava um assunto para a sua crônica, acabava instigando o leitor a refletir sobre a língua portuguesa, mais precisamente sobre o exótico em algumas palavras.

Portanto, João Saldanha, o "João sem Medo" como era chamado pelos amigos, e Mário Filho são fundamentais na construção do gênero da crônica de futebol. Assim, o percurso percorrido pelo futebol entre o amadorismo e o profissionalismo tem similaridade na trajetória da imprensa esportiva.

JORNAIS, REVISTAS E COLETÂNEAS

Já dissemos que, depois de escritas em jornais, as crônicas de futebol começaram a ser compiladas em livros. Mas queremos sublinhar que as publicações nos jornais, além de pioneiras, caracterizaram com muita clareza o momento histórico da consolidação do futebol como esporte nacional e da crônica de futebol como gênero permanente no jornalismo literário brasileiro.

Evidente que, no contexto do livro, ampliam-se as possibilidades de leitura. A passagem do jornal para o livro traz mudanças de interpretação significativas para o gênero, das quais o leitor e o estudioso da crônica supostamente se beneficiam. Isso porque, enquanto o público do jornal é mais apressado, centra a atenção nas manchetes e, assim, faz uma leitura "corrida" e artisticamente menos compromissada, o leitor do livro é mais seletivo, reflexivo. De uma leitura mais atenta surge uma análise mais cuidadosa e profunda.

Por outro lado, é justamente no jornal que a crônica está "presa" ao conteúdo das demais notícias. Por isso é que estamos enfatizando, desde o início, que a crônica de futebol se constituiu em literatura no jornal.

Feitas essas considerações, no próximo capítulo vamo-nos aprofundar um pouco mais no hibridismo do gênero.

3 Golaço: o hibridismo da crônica e o relicário da memória

Nos capítulos anteriores, vimos como a literatura e o futebol se ambientaram no Brasil e se apropriaram dos jornais. Em relação à linguagem e ao estilo literário da crônica de futebol, constatamos duas rupturas significativas: a primeira ocorrida com o Modernismo (anos 1920), com a quebra de padrões rígidos, e a segunda a partir da década de 1940, quando a imprensa se profissionalizava e o cronista de futebol passava a assumir papel de destaque nos jornais.

Assim, dos "folhetins-variedade" e da constituição do esporte de "marginal" a "popular" no país resultaram várias características que compõem o gênero da crônica de futebol. A diversidade temática, o diálogo com o leitor, a liberdade formal e a peculiar leveza no tratamento dos assuntos consolidaram-se junto com o próprio esporte.

Desse modo, a crônica moderna de futebol se afirma e desenvolve num espaço heterogêneo e continua se "avizinhando" de outros gêneros literários, em conformidade com suas necessidades de expressão. A liberdade formal permite que as conversas com os leitores, os exercícios de metalinguagem (metafutebolísticos), as notícias atuais e os fatos históricos ou as simples aventuras/desventuras do cotidiano sejam apresentados na forma de carta, de poema (crônica em versos), de anedotas, de trocadilhos, de exercícios estilísticos – e até beirem os limites do conto, como dissemos.

Podemos, apenas para fins didáticos, classificar as crônicas como *narrativas* (centradas em uma história ou episódio, aproximando-se por isso do conto); *metafísicas*, caracterizadas por reflexões filosóficas ou por meditações sobre os fatos da vida; *comentário dos acontecimentos*, que acumulam os mais variados assuntos. Dentro dessa classificação, podemos dizer que as crônicas de futebol contêm um pouco de cada uma delas.

POETIZANDO

Para o poeta Vinicius de Moraes, o cronista é uma espécie de prosador do cotidiano, que revitaliza os pequenos fatos do dia a dia. Assim, o cronista não apenas fantasia acontecimentos e sensações, pois a crônica oscila entre o visto e o imaginado, mas também os situa historicamente. E Vinicius poetizou no futebol.

A seguir, uma amostra de texto "metafutebolístico". Vinicius de Moraes faz um poema brincando com a inventividade e a intuição do artista/jogador Manoel Francisco dos Santos, o Garrincha, e o ofício do artista/poeta.

> **O anjo de pernas tortas**
>
> A um passo de Didi, Garrincha avança
>
> Colado o couro aos pés, o olhar atento
>
> Dribla um, dribla dois, depois descansa
>
> Como a medir o lance do momento.
>
> [...]
>
> Garrincha, o anjo, escuta e atende: – Goooool!
>
> É pura imagem: um G que chuta um o
>
> Dentro da meta, um I. É pura dança!
>
> (Moraes, 1967, p. 124)

Também o poeta dribla o leitor e o crítico com o próprio pensamento. A crônica de futebol pode ultrapassar os limites do "real" e superar a maneira de compor simples e direta do jornalismo.

Na esteira histórico-literária de Vinicius de Moraes, podemos destacar os escritores Fernando Sabino, Lourenço Diaféria e Sérgio Porto (o Stanislaw Ponte Preta), que deram à crônica um toque humorístico.

Lourenço Diaféria (*apud* Marchezan, 1989, p. 89), numa crônica metalinguística composta em forma de diálogo, coloca a seguinte questão: "O que é crônica? – perguntaram a um cronista. – Não sei. Pergunte a meu editor. Ele só publica crônicas e sabe, infalivelmente, distingui-la de outro texto qualquer".

Como sabemos, os comentaristas ou cronistas de seções especiais têm por objetivo informar e desenvolver suas ideias, utilizando argumentos ora lógicos, ora sugestivos e persuasivos, em um conjunto ordenado que vise convencer o leitor. São conhecidos os componentes – Quem? O quê? Quando? Onde? Por quê? Como? – que sintetizam a fórmula do *lead* (abertura da notícia), que informa e desperta o interesse do leitor pela matéria apresentada.

Entretanto, a crônica também pode apresentar uma dimensão ficcional na abordagem dos temas cotidianos, lembrando o folhetim. Nesse caso, o tratamento dado ao tema pode ser lírico, sentimental e até mesmo se valer da linguagem poética, como vimos anteriormente.

A SIMPATIA DO FUTEBOL DA FERROVIÁRIA DE ARARAQUARA

Se a evolução da linguagem acompanha o tempo histórico, como vimos afirmando, tomemos como exemplo um trecho de uma crônica de 1968 escrita por Lourenço Diaféria, chamada "Que simpatia!" e publicada no jornal *Folha de S.Paulo*.

O texto vai nos mostrar melhor o que pretendemos neste item: o hibridismo do gênero e sua ligação com a perspectiva histórica. Poderemos compreender a consolidação do futebol como uma das grandes "instituições" do país e o estilo literário da crônica no "país do futebol". É a relação texto/contexto que enfatizamos necessária.

Juro por Deus que, se eu tivesse de canonizar um time de futebol e colocá-lo inteirinho nos altares como exemplo de virtudes, escolheria a Ferroviária de Araraquara sem pestanejar. Começa que é um quadro simpático. A simpatia de um clube não tem nada a ver com a boa ou má aparência de seus jogadores. Aliás, é bom que se diga, jogador de futebol costuma ser feio como briga de foice: uma ou outra exceção pelos verdes gramados serve apenas para disfarçar. No geral, jogador de futebol tem mais cara de assombração que outra coisa. Está certo: um bom beque de espera só impõe respeito quando arma carranca. E ponta que dribla dando risada não presta. [...]

Um clube que usa a poesia de um estádio da Fonte Luminosa, um clube que cai e sabe se levantar sacudindo a poeira e os desgostos, um clube que ostenta uma dignidade que não se encontra em cada esquina nem da capital, nem do interior, esse clube tem tudo para se transformar em orgulho de uma cidade. Se eu fosse dono da praça Pedro de Toledo, nos feriados nacionais mandava hastear, ao lado do pavilhão brasileiro, a bandeira da Ferroviária.

[...]

Estamos, portanto, diante de um luminoso domingo, em que uma cidade em festa recebe o justo prêmio de seus esforços, mercê do trabalho inteligente da Ferroviária.

Certamente, até em Sé da Bandeira, no fim do mundo de Angola, há gente alegre com a conquista da Ferroviária.

Campeã do interior é um título que lhe cai otimamente.

A construção de sentido de grandeza do futebol, por meio de um time do interior do estado de São Paulo, a Ferroviária, é feita pelo enredamento da imagem de "símbolo nacional", ligada ao patriotismo, portanto recobrindo as instituições mais fortes no imaginário popular: a Igreja e o Estado.

À época da publicação, janeiro de 1968, o time da Ferroviária – personagem principal da crônica – inicia um processo de venda de seus jogadores para os grandes clubes da capital. É, portanto, sobre esse time de craques do interior que ganham a metrópole que o cronista desenvolve sua retórica de engrandecimento do futebol. Assim, a Ferroviária é uma das raras equipes do interior do estado, e até do país, a excursionar pelo continente europeu e por outros cantos do mundo com sucesso.

> A segunda grande excursão da Ferroviária ao exterior foi dirigida às Américas do Sul e Central, no ano de 1963. O clube, na ocasião, era presidido por seu fundador, Pereira Lima [...] Aproveitando o prestígio desfrutado pela AFE, principalmente após a excursão à Europa e África três anos antes, Pereira Lima organizou um novo giro de amistosos, desta vez na América Central, visando divulgar nessa região o nome e futebol de Araraquara. (Cirino, 2006, p. 79)

E esse time que queria mostrar o futebol ao mundo foi personagem estético na crônica de Diaféria: "Certamente, até em Sá da Bandeira, no fim do mundo de Angola, há gente alegre com a conquista da Ferroviária".

Com isso, a Ferroviária ganha espaço na imprensa paulistana, que também naquele momento vivia seu ápice de expansão no campo futebolístico. O time de Araraquara construiria o sentido de "grandioso" time de futebol do interior, um sentido que carrega até os dias atuais. Para termos uma ideia,

> no ano de 1974, o Cosmos de New York contratou o Atleta do Século para que, além de disputar o campeonato americano de soccer, ajudasse a divulgar o esporte na terra do tio Sam. Chegando ao aeroporto nova-iorquino e perguntado, por vários repórteres internacionais, se conhecia o futebol praticado no Cosmos, Pelé disse: "Fui informado que o Cosmos pratica um futebol vistoso e solidário, sem botinadas, eficiente e objetivo, como o da Ferroviária de Araraquara". (Cirino, 2006, p. 175)

A PLASTICIDADE DAS JOGADAS DE DIAFÉRIA

Na crônica "Que simpatia!", o narrador explora aspectos de cumplicidade e envolvimento com o leitor. Este já estava presente como um interlocutor assíduo e participativo desde o início do texto, sendo um aliado-amigo que recebe a "confidência" que começa com uma expressão popular e transcendente "Juro por Deus".

Alguns estudiosos do gênero analisam esse tom de intimidade como uma projeção que se oferece ao leitor, envolvido por uma afinidade construída pelo texto. Nessa crônica, vamos observar também que o *lead* da "notícia" está invertido, ou seja, a primeira e principal informação está no final do texto: "Campeã do interior é um título que cai otimamente."

As relações entre o jornalismo e a literatura marcam, com relevância, essa crônica. Para "contar" a sua história, o escritor dá voz a um narrador espirituoso, que se dirige de forma direta ao leitor a fim de chamar a sua atenção não apenas para o conteúdo do enunciado, mas principalmente para a sua enunciação. Dessa maneira, a crônica vai tomando contorno, tornando-se mais concreta ao ter recoberta sua estrutura profunda. Ao singularizar personagens, espaços e tempos, o texto literário opera uma transformação própria: "emblematiza" cada experiência singular. Vejamos como, por um efeito de sentido de humor, o personagem "jogador de futebol" é singularizado: "Aliás, é bom que se diga, jogador de futebol costuma ser feio como briga de foice: uma ou outra exceção pelos verdes gramados serve apenas para disfarçar. No geral, jogador de futebol tem mais cara de assombração que outra coisa".

Outro fator a ser destacado do ponto de vista do leitor é que o narrador inicia o texto colocando a Ferroviária numa posição mais alta, ou "nos altares". Com essa "santificação", ele constrói um texto imagético e segue com o leitor o jogo do engrandecimento de caráter da Ferroviária, exaltando-lhe as virtudes: "Juro por Deus que, se eu tivesse de canonizar um time de futebol e colocá-lo inteirinho nos altares como exemplo de virtudes, escolheria a Ferroviária de Araraquara sem pestanejar".

Em outro momento, mesmo sem se referir diretamente ao time da Ferroviária – pois está descrevendo o momento gol no futebol –, a narração inclui outro personagem interessante no discurso, emblematizando uma vez mais o sentido de santidade que pretende construir para a Ferroviária: "Na hora do gol, todo atacante vira o próprio arcanjo Gabriel".

Todas essas imagens podem referir-se à construção de um narrador que considera o futebol uma religião. Desde o início vimos falando da formação do futebol como verdadeira "entidade" no Brasil. Portanto, as expressões figurativas do texto criam uma narrativa isotópica, que, pela reafirmação em vários tópicos da figura da religião, convencem o leitor do "tamanho" histórico-cultural do futebol.

E não convencem apenas o leitor.

Também o que o narrador sente, em relação ao que está dizendo, é importante. Ele, narrador, adota uma atitude religiosa diante do time. Essa é uma questão da paixão, do afeto, que marca os textos literários – a imagem do narrador que o próprio texto cria.

Assim, esse discurso em ato, construído essencialmente de forma metafórica, é o que possibilita à narrativa um efeito de sentido humanizante para o leitor do texto, porque o "aproxima" da história que conta.

O "diálogo implícito" com o leitor possibilita que o narrador faça comentários "sem importância" no decorrer do texto. Observar a aparência estética de um jogador – isto é, se ele é feio ou bonito – não teria o menor valor perto do "real acontecido", ou seja, o título que a Ferroviária acabara de conquistar. Mas o aparente discurso intimista serve apenas para disfarçar o contexto histórico-político da época.

> Assim concebido, o texto encontra seu lugar entre os objetos culturais, inserido numa sociedade (de classes) e determinado por formações ideológicas específicas. Nesse caso, o texto precisa ser examinado em relação ao contexto sócio-histórico que o envolve e que, em última instância, lhe atribui sentido. (Barros, 2000, p. 7)

Internamente, o texto assume um tom despretensioso, mesclado a um toque humorístico, mostrando que a crônica de futebol ajusta-se à sensibilidade de todo o dia e, assim, estimula a simplicidade reveladora e penetrante que ainda reside no homem comum.

Assim, os jogos discursivos compostos no enunciado são constantes. Essa é uma das principais características do processo de enunciação na crônica de futebol. Podemos até compará-la com um jogo de futebol, que ora está meio "chato", "morno" e, de repente, "numa fração de segundos" exibe um gol ou uma jogada maravilhosa. É dentro dessa alternância na forma de enunciação que se constrói uma rede que prende e apreende o leitor.

Sem deixar de dizer que a Ferroviária ganhara o troféu, o autor desenha no texto a sua marca específica, em que coloca e aponta seus valores, críticas e apreciações. E, sendo onisciente, o narrador se intromete a todo momento na história: "Se eu fosse dono da praça Pedro de Toledo, nos feriados nacionais mandava hastear, ao lado do pavilhão brasileiro, a bandeira da Ferroviária".

Vale ressaltar que essas "grandes" instituições – praça Pedro de Toledo, bandeira nacional – são misturadas ao cotidiano da cidade, às paisagens e aos costumes, evidenciando ainda mais o recurso figurativo da narração.

São essas intrusões, misturadas a uma narrativa pouco extensa, com quadros e cenas representando uma situação em que seres fantásticos e imortais intervêm nos assuntos dos mortais, que provocam o efeito literário do acontecimento "jornalístico":

Jaá falamos das posições do autor/narrador. Vamos agora, em outra crônica literária de futebol, explicitar um pouco mais essa forma de enunciação tão característica nos autores/narradores das crônicas de futebol.

JOGANDO COM A BOLA NOS PÉS: A HABILIDADE DE ARMANDO NOGUEIRA

Estabelecido o contato com o leitor, o cronista/narrador comenta a própria experiência de vida e expõe as suas convicções e, sobretudo, as suas "limitações" (o saber essencial, como se diz).

A forma narrativa confessional escolhida para o texto serve para suscitar uma impressão empática. Por exemplo, a modéstia do cronista, ainda que simulada, é mais interessante que a ostentação, pois consegue despertar a simpatia de quem lê. Além dessa identificação, a narração confessional cria uma relação de intimidade e de cumplicidade com o leitor, que acaba se tornando o confidente (o ouvinte) a quem o cronista revela as suas experiências, opiniões e ideias. Vamos então observar na crônica "México 70", de Armando Nogueira, a relação entre o discurso narrado e a figura humana do escritor; e como eles se confundem.

O foco narrativo em primeira pessoa e a presença de algumas características autobiográficas e estilísticas (o jornalista Armando Nogueira cobriu várias Copas do Mundo) fazem a crônica parecer um depoimento pessoal. No entanto, logo se destaca a verve emocional do cronista, na qual se reconhece a presença de certa ficção.

Esse entrelaçamento "ficção/real" é muito frequente na literatura contemporânea e se torna ainda mais complexo quando o texto é uma crônica escrita em primeira pessoa. Nesse gênero, como sabemos, a ilusão de realidade é bem maior do que aquela normalmente encontrada em textos de instância puramente fictícia, pois parece ser o próprio autor quem toma a palavra. Pensando nessas relações, podemo-nos questionar: afinal, numa crônica, escritor e cronista são a mesma pessoa ou o cronista é uma "invenção" do escritor?

O texto de Armando Nogueira revela o grau hiperbólico do autor e seu fazer literário dentro do jornalismo. Observamos sua estratégia: ele dialoga com o leitor imaginário, no sentido de convencê-lo de sua própria história: seu fluxo de pensamentos constantes é recoberto com o sentido da própria história da partida em 1970.

E as palavras, eu que vivo delas, onde estão? Onde estão as palavras para contar a vocês e a mim mesmo que Tostão está morrendo asfixiado nos braços da multidão em transe? Parece um linchamento: Tostão deitado na grama, cem mãos a saqueá-lo. Levam-lhe a camisa, levam-lhe os calções. Sei que é total a alucinação nos quatro cantos do estádio, mas só tenho olhos para a cena insólita: há muito que arrancaram as chuteiras de Tostão. Só falta, agora, alguém tomar-lhe a sunga azul, derradeira peça sobre o corpo de um semideus.

[...]

Que humanidade, senão a do esporte, seria capaz de construir, sobre a abstração de um gol, a cerimônia a que assisto, neste instante, querendo chorar, querendo gritar? Os campeões mundiais em volta olímpica, a beijar a tacinha, filha adotiva de todos nós, brasileiros? Ternamente, o capitão Carlos Alberto cola o corpinho dela no seu rosto fatigado: conquistou-a para sempre, conquistou-a por ti, adorável peladeiro do Aterro do Flamengo. A tacinha, agora, é tua, amiguinho, que mataste tantas aulas de junho para baixar, em espírito, no Jalisco de Guadalajara. (Nogueira, 1970, p. 5)

Nogueira abre a crônica dizendo não "saber onde estão as palavras", já pactuando com o leitor que o texto virá de seu imaginário. O cronista também se coloca, com ousadia, na condição de espectador do jogo e do texto, assumindo uma postura passiva. Nada tem ele a fazer em relação ao texto que está por vir. É a firmação, portanto, do pacto entre autor e leitor, entre enunciador e enunciatário.

Dessa maneira, Nogueira consegue, por um efeito de linguagem, comunicar uma emoção, colocando uma camada sensível sobre a superfície inteligível de seu discurso: o enunciado nos emociona, nos comove, ou seja, nos move a fazer algo. São esses recursos que denotam a universalidade, característica do discurso literário.

Ao oferecer a taça ao "peladeiro", ao "amiguinho", ao aluno que "matou" aula para assistir ao jogo de futebol do Brasil, Nogueira coloca todos esses atores num mesmo plano de enunciação. No próprio plano da Seleção Brasileira. Mais adiante, quando narra o "abraço" de Carlos Alberto Torres à taça, ele iguala o capitão da seleção ao cidadão comum.

É assim que o autor vai costurando o sentido do texto como uma conquista de todos – inclusive dele mesmo. É o pacto amalgamado de que falamos, evidente no enunciado com a estratégia intimista adotada.

A paisagem estrategicamente construída no enunciado também é usada pelo cronista como forma de envolver seu leitor na imagem da partida. A força imagística de Nogueira é extremamente marcante no trecho em que ele descreve o "linchamento" de Tostão. O "transe" da multidão é similar ao "transe" do leitor, envolvido pela estratégia enunciativa do narrador, que diz "só ter olhos para a cena insólita".

Mais que isso, o autor aproxima o futebol e a conquista do Brasil de um ato ecumênico, de solidariedade, que envolve, democraticamente, todos os povos, não importando raça, credo ou qualquer outra crença cultural. Vejamos este outro trecho:

> Choremos a alegria de uma campanha admirável em que o Brasil fez futebol de fantasia, fazendo amigos. Fazendo irmãos em todos os continentes. Orgulha-me ver que o futebol, nossa vida, é o mais vibrante universo de paz que o homem é capaz de iluminar com uma bola, seu brinquedo fascinante. Trinta e duas batalhas, nenhuma baixa. Dezesseis países em luta ardente, durante vinte e um dias — ninguém morreu. Não há bandeiras de luto no mastro dos heróis do futebol. (*Ibidem*)

"O futebol, nossa vida!" A expressão emblematiza todo o processo metafórico de enunciação que Nogueira confere à obra. Nessa frase, está, portanto, sintetizada a ideia principal da crônica: a lendária conquista do tricampeonato mundial pela Seleção Brasileira de 1970.

Fica evidenciado, também, como Nogueira se "expõe", se confessa, não dando margens a uma análise apenas tática da partida. Vejamos o trecho: "Perdoem-me o arrebatamento que me faz sonegar-lhes a análise fria do jogo. Mas final é assim mesmo: as táticas cedem vez aos rasgos do coração. Tenho uma vida profissional cheia de finais e, em nenhuma delas, falou-se de estratégias. Final é sublimação [...]" (*ibidem*).

Assim é que, em 1970, o título da Seleção Brasileira nos marcou para sempre. Embora o Brasil, à época, já tivesse conquistado duas Copas do Mundo (1958 e 1962) – posteriormente conquistaria outras duas (1994 e 2002) –, foi a equipe de 1970 que batizou o Brasil como "país do futebol". A imprensa e a literatura participaram ativamente desse processo. A marca épica que Nogueira conferiu à crônica serviu, naquele momento, para emblematizar o time que ficaria assinalado no imaginário popular como a melhor formação de todos os tempos.

Algumas palavras de apito final

Durante nosso percurso, uma constatação se fez sempre muito evidente: mesmo com inúmeras variações de estilo, discussões literárias a respeito de gênero, interpretações e "leituras" de formas narrativas, ao longo dos séculos, o vocábulo "crônica" pode até ter mudado de sentido, mas nunca perdeu a relação com o seu senso etimológico, ou seja, sempre esteve "preso" ao tempo.

E correu-se o tempo deste nosso jogo. Nos momentos iniciais, redesenhamos o caminho histórico da crônica, buscando suas raízes: de que forma nasceu, de onde surgiu e a trajetória que percorreu até se constituir no que representa hoje para a literatura.

Feito isso, buscamos o início histórico da literatura brasileira para, dessa maneira, sustentar nossa convicção da crônica como "gênero literário".

Fomos, ao lado da procura pelo início da literatura no Brasil, buscar as raízes do futebol no país. Trabalhamos com algumas hipóteses num esforço para aumentar a reflexão sobre o espaço hegemônico que esse esporte/arte ocupa no imaginário e também na história política, econômica, cultural e social brasileira.

Tivemos então de demarcar o surgimento da imprensa no Brasil, uma vez que a notoriedade da discussão de estilos sobre a crônica ser "gênero literário" ou apenas "gênero jornalístico" ocupou nossas reflexões, revelando talvez um olhar desconfiado da academia para o gênero jornalístico.

Pudemos verificar a importância, sobretudo histórica, de vários jornalistas e escritores, mas também o valor histórico

68 RODRIGO VIANA

da imprensa, do papel de jornal, velho e amassado, suporte inicial da crônica e impulsionador da carreira de nossos principais escritores.

Vale, aqui, inserirmos um trecho da crônica da coletânea *O nariz e outras crônicas*, de Luis Fernando Verissimo (1994, p. 3-4), que num exercício de "metacrônica" instiga-nos a refletir sobre a própria natureza criativa da arte literária, que segue algumas "leis" próprias à sua espécie (gênero):

> A discussão sobre o que é, exatamente, crônica é quase tão antiga quanto aquela sobre a genealogia da galinha. Se um texto é crônica, conto ou outra coisa interessa aos estudiosos da literatura, assim como se o que nasceu primeiro foi o ovo ou a galinha interessa a zoólogos, geneticistas, historiadores e (suponho) o galo, mas não deve preocupar nem o produtor nem o consumidor. Nem a mim nem a você. [...] Ao contrário da galinha, podemos decidir se o ovo do dia será listado, fosforescente ou quadrado. Você, que é consumidor do ovo e do texto, só tem que saboreá-lo e decidir se é bom ou ruim, não se é crônica ou não é. Os textos estão na mesa: fritos, estrelados, quentes, mexidos... Você só precisa de um bom apetite.

Para analisar essa liberdade dos cronistas, prendemo-nos às crônicas de época que situaram historicamente o seu período, materializando o seu "tempo" na forma de costurar novos estilos de linguagem, contornos figurativos, verdadeiros artesanatos de textos.

Localizamos na temática do futebol um espaço ideal para nos encontrarmos com a literatura. Praticamos, com recursos próprios limitados, a tarefa de desconstruir grandes textos, confeccionados por excelentes escritores – e, por que não, grandes cronistas literários de futebol. Além da figuratividade expressa e explícita nos textos, observamos as mais diversas formas de enunciação neles. Mais que isso, procuramos ver como os autores/narradores jogaram com as possibilidades que tinham como produtores de discurso.

Assim, vimos que os textos derrubam a fronteira entre jornalismo e literatura, mesclando crônica e artigo, relato pessoal e análise jornalística, constituindo um caminho para o jornalismo literário. Mesmo que a crônica apresente algumas características que estejam em relação direta com episódios da vida do escritor, não se pode inferir disso, é claro, que tudo que componha o texto corresponda à verdade objetiva dos fatos. Mesmo porque essa "verdade" é vista pela ótica pessoal e subjetiva de quem escreve e, portanto, constrói um discurso sobre a sua biografia. Dessa forma, fatos vivenciados metamorfoseiam-se em ficção, o que significa dizer que a realidade fornecerá os motivos e a ficção, por sua vez, será o resultado literário da transformação desses motivos.

Podemo-nos perguntar, neste momento, o que seria literatura menor e o que seria literatura maior. A crônica interessa--se pelo aspecto circunstancial da vida, e com certeza esses breves momentos do dia a dia também têm seu encanto e sua importância. O cronista se predispõe a captar esses pequenos sinais da vida cotidiana que diariamente deixamos escapar. Ou, como afirma Machado de Assis, em crônica publicada em 1897, na *Gazeta*:

> Eu gosto de catar o mínimo e o escondido. Onde ninguém mete o nariz, aí entra o meu, com a curiosidade estreita e aguda que descobre o encoberto. [...] Eu apertei os meus olhos para ver coisas miúdas, cousas que escapam ao maior número, coisas de míopes. A vantagem dos míopes é enxergar onde as grandes vistas não pegam. (Assis *apud* Antonio, 2006, p. 437-8)

Que fantástica metáfora machadiana para ajudar-nos a finalizar nossa costura: "Eu gosto de catar o mínimo e o escondido". Ora, é aí mesmo nessa coisa meio "míope" que é a crônica de futebol que encontramos a literatura. Acreditamos que muitos leitores a encontram, mesmo sem o saber, aí também. Na "vida ao rés do chão", como bem definiu Antônio Cândido (1992).

Por outro lado, muito pouco se tem falado das crônicas literárias de futebol em teses, dissertações de literatura e livros acadêmicos. Isso porque, talvez, esse gênero seja cercado do preconceito, da "falta de grandiosidade" do tema – e também porque nunca se tenha dado a importância legítima ao futebol no país do futebol.

Levamos em conta que, no Brasil, o futebol, ao lado da política e da religião, ocupa um lugar de destaque no imaginário popular. Mas não nos limitemos às amarras do passado: lembremos que em 2014 o país vai sediar, pela segunda vez na história, uma Copa do Mundo. Teremos, então, a real possibilidade histórica de voltar a impulsionar não só o esporte, mas também a literatura de futebol.

Portanto, consideramos este um momento ideal para lançar novos olhares sobre a crônica de futebol, uma vez que ela se liga a hábitos ou a relações do mundo social cuja tendência não é só sofrer mudanças ou desaparecer, mas também marcar historicamente uma época. E alguns textos são ainda capazes de oferecer reflexões pertinentes sobre a história e a cultura do período e de sugerir comparações com os acontecimentos deste século, devido ao sentido humano e humanizador que proporcionam.

Mas insistimos na argumentação que vimos traçando desde o início: por que a literatura humaniza? Porque situa e relaciona o leitor-ser humano com seu tempo, seu século, seu passado histórico e seu futuro previsto. Assim, a crônica de futebol leva o leitor/enunciatário a um espaço/tempo recriado com base nas instâncias de enunciação do autor/enunciador.

Por isso, mostramos que alguns elementos da linguagem literária são capazes de produzir um discurso não manipulativo, ou menos-manipulativo, mais subjetivante, que permitisse efeitos de sentido mais humanizantes.

Corroborando nossa visão, Ciro Marcondes Filho (1986, p. 150) diz que

[...] a história e a subjetividade individual implicam também transformar os relatos jornalísticos em transmissões humanizadas das notícias, em que entrem impressões, opiniões, transcrições, observações não elaboradas dos protagonistas dos fatos, sem que isso seja manipulado de forma piegas [...] Propkop tem, em relação a isso, uma hipótese: uma mudança de atitude e um melhoramento realmente qualitativo das instituições, do seu valor de uso específico, dar-se-á apenas quando for possível desenvolver, para cada instituição à qual a massa está ligada, alternativas qualitativas, dissolver o positivismo prático contido em todas as instituições; quando, por exemplo, se puder, a partir da crítica de forma existente, fragmentada pela maneira positivista de transmitir as notícias, garantir uma transmissão e um tratamento de notícias institucionalmente, que não ofereça "informações" livres de valores abstratos, senão verdadeira história e subjetividade, que desenvolva e inclua, junto às expectativas, as necessidades, os interesses derivados dos seus contextos de vida; [...] quando for possível trabalhar os acontecimentos, as experiências, as necessidades e os interesses com os meios de produção avançados da cultura de massa de forma racional, segundo sua própria lógica. O modo autônomo de conhecimento das obras de arte autênticas iria encontrar, então, por meio disso, sua realização coletiva.

Não nos achamos em condições de explorar literariamente ainda outros meios que acompanham céleres, sem parada, o avanço do ser humano. Mas nestas palavras finais citamos os meios digitais e sua transmidialidade como espaço livre, interativo, colaborativo e, por que não dizer, democrático. Não são poucas as videocrônicas na internet ou as crônicas eletrônicas na televisão.

Com esse cenário em perspectiva, anotamos que, embora se deva preservar o livro como suporte canônico e ideal para a literatura, devem-se também aproveitar os demais suportes aqui evidenciados, sobretudo os jornais, para suprir a demanda de conhecimento desse importante subgênero literário – a crônica de futebol – daqueles brasileiros não afeitos a uma leitura mais reflexiva.

Vejamos o que diz Cony (1998) sobre a importância social da crônica:

> [...] antes de ser um leitor, o consumidor de jornal é um ser humano tornado carente pela solidão, pelo egoísmo (próprio e alheio), pelo nenhum sentido da sociedade como um todo. Quando um cara tem coragem de gritar que está sofrendo, fatalmente encontra alguém que o compreende e, algumas vezes, o ame. Isso não dá apenas samba. Dá crônica também.

Por fim, o texto da crônica – e da literatura em geral – trata do mais sensível, do imaginário. No universo esportivo, a crônica de futebol funciona como a materialização do real/acontecido/imaginado. Assim, constrói-se no leitor um sentido que, apesar de instantâneo, é também reflexivo e apaixonado.

Deixamos, por mérito de justiça, as palavras finais deste livro nas mãos de Álvaro Moreyra (1967), grande cronista esportivo: "Ninguém se importa com a bola. Entretanto, se não fosse a bola, não havia futebol!"

Referências bibliográficas

ANDRADE, M. "Brasil-Argentina". In: PEDROSA, M. *Gol de letra: o futebol na literatura brasileira*. Rio de Janeiro: Gol, 1967, p. 182-84.

_____. *Cartas a um jovem escritor*. 2. ed. Rio de Janeiro: Record, 1982.

ANTONIO, A. S. L. *Mosaicos da memória: estudo da crônica humorística de Luis Fernando Verissimo*. Tese (Doutorado em Estudos Literários) – Faculdade de Ciências e Letras da Universidade Estadual Paulista, Araraquara (SP), 2006.

ARRIGUCI Jr., D. *Enigma e comentário: ensaios sobre literatura e experiência*. São Paulo: Companhia das Letras, 1987.

ASSIS, M. de. "O nascimento da crônica: 1.º nov. 1877". In: PAIXÃO, F. (org.). *Crônicas escolhidas de Machado de Assis*. São Paulo: Ática, 1994.

_____. "O folhetinista". In: GLEDSON, J. (org.). *Machado de Assis: crônicas escolhidas*. São Paulo: Companhia das Letras, 2012.

BARBOSA. F. de A. *A vida de Lima Barreto*. Rio de Janeiro: José Olympio, 1952.

BARRETO, A. H. L. "Heróis!" In: PEDROSA, M. *Gol de letra: o futebol na literatura brasileira*. Rio de Janeiro: Gol, 1967, p. 61-2.

BARROS, D. L. P. *Teoria semiótica do texto*. 4. ed. São Paulo: Ática, 2000.

BENDER, F.; LAURITO, I. *Crônica: história, teoria e prática*. São Paulo: Scipione, 1993.

74 RODRIGO VIANA

CANDIDO, A. "A vida ao rés do chão". In: *A crônica: o gênero, sua fixação e suas transformações no Brasil*. Campinas: Editora da Unicamp; Rio de Janeiro: Fundação Casa Rui Barbosa, 1992, p. 13-22.

CIRINO, L. M. I. *Fonte luminosa: Ferroviária*. Campinas: Pontes, 2006.

CONY, C. H. "A crônica como gênero e como antijornalismo". *Folha de S.Paulo*, São Paulo, 16 out. 1998. Disponível em: <http://vidacronica.wordpress.com/2008/05/14/a-cronica-como--genero-e-como-antijornalismo/>. Acesso em: 2 jun. 2013.

DIAFÉRIA, L. "Que simpatia!" *Folha de S.Paulo*, São Paulo, 21 jan. 1968, p. 10.

GULLAR, F. "Campeões". *Jornal do Brasil*, Rio de Janeiro, 1958.

LIMA, E. P. *Páginas ampliadas: o livro-reportagem como extensão do jornalismo e da literatura*. Campinas: Editora da Unicamp, 1993.

LOBATO, M.; RANGEL, G. "O queijo-de-minas ou a história de um nó cego". In: LOBATO, M. *Literatura do Minarete*. São Paulo: Globo, 2008.

LYRA FILHO, J. "O Maracanã". In: PEDROSA, M. *Gol de letra: o futebol na literatura brasileira*. Rio de Janeiro: Gol, 1967, p. 171-73.

MARCHEZAN, R. M. F. C. *A gramática fugaz: articulações de sentido na crônica contemporânea*. Dissertação (Mestrado em Letras) – Faculdade de Ciências e Letras da Universidade Estadual Paulista, Araraquara (SP), 1989.

MARCONDES FILHO, C. *O capital da notícia*. São Paulo: Ática, 1986.

MÁRIO FILHO. *O negro no futebol brasileiro*. Rio de Janeiro: Civilização Brasileira, 1964.

MOISÉS, M. *Dicionário de termos literários*. 14. ed. São Paulo: Cultrix, 1999.

MORAES, V. de. "O anjo de pernas tortas". In: PEDROSA, M. *Gol de letra: o futebol na literatura brasileira*. Rio de Janeiro: Gol, 1967, p. 124.

MOREYRA, A. "O dia nos olhos". In: PEDROSA, M. *Gol de letra: o futebol na literatura brasileira*. Rio de Janeiro: Gol, 1967.

Myra y Lopez, E.; Silva, A. R. da. "Psicologia do torcedor: por que o futebol entusiasma tanta gente". In: Pedrosa, M. *Gol de letra: o futebol na literatura brasileira*. Rio de Janeiro: Gol, 1967.

Nogueira, A. "México 70". *Jornal do Brasil*, Rio de Janeiro, jun. 1970, Caderno Especial, p. 5.

Pedrosa, M. *Gol de letra: o futebol na literatura brasileira*. Rio de Janeiro: Gol, 1967.

Pessoa, C. "A bola, a rede, o gol: o futebol está além da razão". *Caros Amigos*, São Paulo, ano 1, ed. 5, 1997, p. 44.

Roncari, L. "Sermão, folhetim e crônica: três gêneros fora do lugar". *Ciência Hoje*, São Paulo, v. 11, n. 65, ago. 1990, p. 41-48.

Sagan, C. "Da flecha à bola". *Superinteressante*, São Paulo, ano 2, n. 8, 1988, p. 58-62.

Saldanha, J. "O olé nasceu no México". In: Pedrosa, M. *Gol de letra: o futebol na literatura brasileira*. Rio de Janeiro: Gol, 1967, p. 174-76.

Sodré, N. W. *História da literatura brasileira*. 4. ed. Rio de Janeiro: Civilização Brasileira, 1964.

Torero, J. R. "O outro". In: *Zé Cabala e outros filósofos do futebol*. Rio de Janeiro: Objetiva, 2005.

_____. "O dia em que virei santista". In: Torero, J. R.; Pimenta, M. A. *Santos, um time dos céus*. Santos: Realejo, 2007.

Verissimo, L. F. *O nariz e outras crônicas*. Porto Alegre: L&PM, 1994.

BIBLIOGRAFIA COMPLEMENTAR

Baldan, U. "Nos idos de 1954: as relações entre literatura e política". In: Del Vecchio, A.; Telarolli, S. *Literatura e política brasileira no século XX*. Araraquara: Laboratório Editorial FCL-Unesp; São Paulo: Cultura Acadêmica, 2006, p. 238-41.

Beltrão, L. *Jornalismo opinativo*. Porto Alegre: Sulina, 1980.

Bosi, A. "Cultura brasileira e culturas brasileiras". In: *Dialética da colonização*. São Paulo: Companhia das Letras, 1992.

BRAGA, R. "O pavão". In: *Ai de ti, Copacabana*. Rio de Janeiro: Ed. do Autor, 1960.

CAPARELLI, S. "Imprensa alternativa". In: *Comunicação de massa sem massa*. São Paulo: Summus, 1986.

CAPINASSÚ, J. M. A *linguagem popular do futebol*. São Paulo: Ibrasa, 1988.

CAPRARO, A. M. "O gênero crônica e o esporte futebol: elementos de uma cultura genuinamente brasileira". In: Simpósio Nacional de História, 23, 2005, Londrina. *Anais do XXIII Simpósio Nacional de História – História: guerra e paz*. Londrina: ANPUH, 2005. CD-ROM.

CHINEM, R. *Imprensa alternativa: jornalismo de oposição e inovação*. São Paulo: Ática, 1995.

DIAFÉRIA, L. "A gata desaparecida". In: BENDER, F.; LAURITO, I. *Crônica: história, teoria e prática*. São Paulo: Scipione, 1993, p. 10.

DÍAZ BORDENAVE, J. E. "Comunicação e participação". In: *Além dos meios e mensagens*. 7. ed. Petrópolis: Vozes, 1995.

ECO, U. *Obra aberta*. São Paulo: Perspectiva, 1988.

FERNANDÉZ, M. C. L. O. *Futebol, fenômeno linguístico – Análise linguística da imprensa esportiva*. Rio de Janeiro: PUC/ Documentário, 1974.

FIORIN, J. L. *Elementos e análise de discurso*. São Paulo: Contexto, 1989.

_____. *As astúcias da enunciação*: as categorias de pessoa, espaço e tempo. São Paulo: Ática, 1996.

_____. "O éthos do enunciador". In: CORTINA, A.; MARCHEZAN, R. C. *Razões e sensibilidade:a semiótica em foco*. Araraquara: Laboratório Editorial FCL-UNESP; São Paulo: Cultura Acadêmica, 2004. p. 117-38.

FLOCH, J.-M. *Documentos de estudo do Centro de Pesquisas Sociossemióticas: alguns conceitos fundamentais em semiótica geral*. São Paulo: Centro de Pesquisas Sociossemióticas, 2001. v. 1.

GREIMAS, A. J.; COUTÉRS, J. *Dicionário de semiótica*. São Paulo: Cultrix, 1979.

HUIZINGA, J. *Homo ludens: o jogo como elemento da cultura*. São Paulo: Edusp, 1971. (Coleção Estudos, 4).

KUCINSKI, B. "Panorama da imprensa alternativa no Brasil". In: *Jornalistas e revolucionários*. São Paulo: Scritta, 1991.

LOPES, I. C.; HERNANDES, N. (orgs.). *Semiótica: objetos e práticas*. São Paulo: Contexto, 2005.

MARCONDES FILHO, C. *Jornalismo fin-de-siécle*. São Paulo: Summus, 1993.

MEDINA, C. *Entrevista: o diálogo possível*. São Paulo: Ática, 1986. (Série Princípios).

_____. "Namoros com a literatura". In: *Notícia, um produto à venda? Jornalismo na sociedade urbana e industrial*. 2. ed. São Paulo: Summus, 1988.

MEYER, M. *Folhetim: uma história*. São Paulo: Companhia das Letras, 1985.

NUNES, B. *O tempo na narrativa*. 2. ed. São Paulo: Ática, 2002.

OLIVEIRA, C.; LANDOWKI, E. *Do inteligível ao sensível*. São Paulo: Educ, 1995.

ORTIZ, R. "Do popular-nacional ao internacional popular". In: *A moderna tradição brasileira*. 5. ed. São Paulo: Brasiliense, 1994.

PROENÇA, I. C. *Futebol e palavra*. Rio de Janeiro: José Olympio, 1981.

RABAÇA, C. A.; BARBOSA, G. G. *Dicionário da comunicação*. 2. ed. São Paulo: Ática, 1995.

REGO, J. L. "Dos engenhos de açúcar aos campos de futebol: a crônica esportiva de José Lins do Rego". In: CHALHOUD, S.; NEVES, M. de S.; PEREIRA, L. A. de M. (orgs.). *História em cousas miúdas: capítulos da história social da crônica no Brasil*. Campinas: Editora da Unicamp, 2005.

SÁ, J. *A crônica*. São Paulo: Ática, 1985.

THAMOS, M. "Figuratividade na poesia". *Itinerários*, Araraquara, 2003, número especial, p. 101-18.

TORERO, J. R. "O outro". In: Zé *Cabala e outros filósofos do futebol.* Rio de Janeiro: Objetiva, 2005.

_____. "O dia em que virei santista". In: TORERO, J. R.; PIMENTA, M. A. *Santos – Um time dos céus.* Santos: Realejo, 2007.

Agradecimentos

A Ude Baldan, minha orientadora de mestrado, e a Soraia Cury, minha editora, sem as quais este livro não seria escrito. A força da mulher!

www.gruposummus.com.br

IMPRESSO NA GRÁFICA sumago
sumago gráfica editorial ltda
rua itauna, 789   vila maria
02111-031   são paulo   sp
tel e fax 11 **2955 5636**
sumago@sumago.com.br